THAT'S WHAT MAKES *Life* BEAUTIFUL

生命美在
事與願違

讓你重新找回笑容的 88 則勇敢小語

日雜專業翻譯 馬曉鈴——編譯　　　　日本知名心靈導師 長澤玲子——著

所有的痛與錯，是為了與更好的相逢

為什麼你渴望的是美好生活，卻總是事與願違？關鍵在於你陷在理想與現實之間的落差而不可自拔。

沒錯，痛苦本不是一件壞事，其背後鑴刻著的是勇敢與堅強。誠如莎士比亞在他的歷史劇《科利奧蘭納斯》裡所寫：

患難可以試驗一個人的品格；非常的境遇方才可以顯出非常的氣節；風平浪靜的海面，所有船隻都可以齊驅競勝；命運的鐵拳擊中要害的時候，只有大勇大智的人才能夠處之泰然。

然而，在痛苦面前，多數人都不是能很好地調整心態，而是選擇把自己關起來，自怨自艾。例如，在我從事占卜工作時，最常聽見人們說的一句感嘆便是：「我真是全世界最倒楣的人了！」這樣一來，原本一丁點的痛苦，就被放得很大很大，從而使人們一直沉浸在苦海中。

堅強的人當然也會有痛苦。

或許他們的困頓與苦惱還比你多上許多，但他們的腳步仍是那麼輕盈，遇到逆境，揚一揚眉毛，甩一甩頭髮，剛才的不愉快就隨著微風，煙消雲散。

擺脫痛苦就這麼簡單！不需要旁人拚了命地安慰你，不需要哭得天崩地裂、至死方休，你只需微微一笑，告訴自己要勇敢。

勇敢是一種品質，更是一種理智和智慧，它告訴我們如何去享受生活，如何去調節自己的心情，找到讓自己更快樂的秘笈。面對挫折和磨難，我們不應該過分地沉迷於痛苦和悲傷之中，不應該迷茫或迷失方向，更不要指望別人對你伸出援助之手，畢竟誰也不該是誰的救世主，灰心喪氣，自卑絕望，自棄沉淪，那將會錯失良機、終身遺憾。

人都是脆弱的，但決不能懦弱，面對命運的打擊和挑戰，面對別人的非言非語，你應該做的不是哭泣，而是堅強和勇敢，保持清醒冷靜的頭腦，坦然面對生活，從容面對現實，改變我們能改變的，接受我們所不能改變的。只有這樣，我們才有希望演繹出輝煌的成就和個性的自我，才能成為一個無堅不摧的人！

朋友們，當你感到痛苦時，請堅強一點，相信總有那麼一日，你會看見藍藍的天、白白的雲，還有你嘴邊甜甜的微笑……。抬頭望望天，那是雄鷹直刺雲霄，劃破蒼穹的壯美；低頭看看地，那是芳草茁壯成長、自強不息的堅強。

翻開本書，你將獲得讓自己無比堅強的力量，並在達到心想事成的過程中，脫離事與願違帶來的痛苦。

長澤玲子

Contents

Contents

折難

不論我們對個人的噩運或舉世的災難如何感嘆，仍得保有看清問題真相的眼光，以及解決困難的堅定信心。

——瑪麗安‧珊蒂梅爾

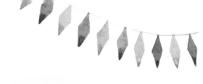

 雖說生命中處處有困阻，但你仍然可以解決其中大部份的難題，不讓自己身陷困境。如何過關，關鍵就在於你處理任何困境時的態度。如果你相信自己會被困難擊垮，那麼你就會變得不堪一擊。可是，如果你相信條條大路通羅馬，那麼世界對你來說，再無難事。

要有效地解決問題，不要在一遭遇難題的時候便立即作出反應。衝動、缺乏耐心，一旦事情不能馬上明朗化便輕言放棄的人，都不能有效地解決難題。

解決問題的正確方式應該是，在遇到困難後先靜下心來或休息一會兒。然後，依照有效解決問題的第一守則，先釐清問題的前因後果，因為眼前的問題，很有可能是過去所累積下來未解的矛盾呢！

一旦你找到問題的根源，儘量找出各種解決之道。解決的方法越多，找到「最佳」解決之道的可能性便越高。保持冷靜的頭腦及看清問題的眼光，將使你面對人生的挫折時能安然自得。

每個問題自有解決的方法。今天，我要堅信自己能夠找出最適合的解決方法。

永不放棄

死囚獲得緩刑的機會，條件是他必須在一年內
教會國王的馬飛翔。 他答應道：「一年之內國
王可能會死，我可能會先死，馬也可能會死。
再說誰曉得呢？說不定這匹馬真的會飛翔。」

——李納德‧萊昂斯

永不放棄的信念不僅僅是對自我能力的一樁考驗，同時也代表著你經營生活的態度。人們在面對失敗、挫折或絕望的時候，放棄是最容易走的一條路。然而，你的心態卻也決定了你將獲得長期勝利或連串失敗的未來。

愛迪生的工廠在一九一四年的一場大火中付之一炬，使他損失了價值上百萬元的設備和所有的文件紀錄。隔日清晨，這位發明家在檢視焦黑的大火餘燼時說：「災難自有其存在的價值。我們所犯的錯誤已全部燒毀，如今又是一個新的開始。」

想當初愛迪生如果沒有在災後重新振作，今日的世界會是什麼樣子？他在遭逢生命中的逆境時所表現出來的積極態度，足以反應出他「凡事可為」的哲學。今天，不論身在何種處境，都要努力地去實踐這一種哲學精神，將「不能」、「不行」、「不願」等詞從你的字典中刪去，多用「再接再勵」、「永不放棄」的精神來策勉自己吧！

積極而意志堅強的人生哲學可以化逆境為順境。成功或失敗，端在一己之心。

堅強起來

我發現沒有一句話比「我不能」更具有殺傷力了。
這句話便是無能為力的真正源頭，不僅削弱生命的
價值，更使人忘記堅強的真諦。

——佚名

某些話足以削弱你的力量，讓人覺得你是弱者。例如：「不能」、「可是」、「應該」、「或者」、「從未」……等等皆是。舉例來說：「我做不到。」這句話像是扯自己後腿，為自己貼上「✂」的標籤，進而無法達成原本有能力完成的事。向對方承認「我喜歡你，可是我怕會愛上你」阻礙了你與對方發展更進一步關係的機會；對外宣稱「我應該要減肥」或「我不應該亂發脾氣」並不能給你足夠的動力去改變自己；「我從未準時過」或「我和老闆總是話不投機」則只會讓糟糕的事實繼續存在，並無助於改變。

把這類的字眼從你的字典中刪去，替換上更為確定有力的字眼，你將會因此變得更加積極。例如，用「可以」替換「不能」，藉以表明你原想嘗試的心跡，然後就去嘗試；用「沒問題」或「我會盡力」來替換「或者」以及「從未」，接著奮力做出改變；用「願意」來替換「應該」，然後在你願意的時候去實踐它；最後，用「而且」替換「可是」，大聲地說：「我喜歡你，而且我怕是愛上你了。」

把每一句話當作是個別的想法，不管對或錯，至少要做個勇敢表達的人。

今天，我要重新檢視我的人生字典，剔除懦弱的字眼，做一個堅強而有決斷力的人。

恐懼

If bravery is a quality which knows not fear, I have never seen a brave man. All men are frightened. The more intelligent they are, the more they are frightened. The courageous man is the man who forces himself, in spite of his fear, to carry on.

如果勇敢是一個不懂恐懼的特質，那麼我從來沒見過一個勇敢的人。所有的人都會害怕，且愈聰明，他們就愈會害怕。勇敢的人，即便感到恐懼，也強迫自己繼續前進。

——喬治・巴頓

還記得小時候曾有過的恐懼嗎？那曾使你夜不能眠、含著眼淚奔向父母的恐懼？有些也許純粹出於小孩子的幻想：躲在床底下的怪獸、第一天上學、蛇、蜘蛛，甚至黑暗。如今回想起過去害怕的模樣，你可能會啞然失笑。

而當你面對今日的恐懼：與陌生人會面、適應新環境、在大眾面前演講或戒除一項癮頭時，又該如何呢？你會去瞭解恐懼的源頭，還是被恐懼擊潰？

今天，你要學習面對你的恐懼。自問：「如果事情發生了，最糟的結果是什麼？」也許是那個剛認識的人不喜歡你、也許是你不能買想要的新鞋、又也許是你在演講之前發現稿子忘了帶……。不過，就另一方面來說，你的恐懼也不全然都是負面的結果——也許，你以後演講不再需要帶稿子；也許，你戒癮成功。

不管恐懼多令你退卻，你都得將它視為一個學習的機會，而不是一隻嚇人的怪獸。今天，挑一個令你恐懼的事物、場景來研究，想想自己可以從中學習到什麼：是個性上的獨立，還是思維的周密？一旦你能有所收穫，你的恐懼感將大大地減輕。

我相信生活並無恐懼。今天，我要努力地去瞭解我的恐懼，並戰勝它。

勇敢說不

永遠選擇對他人讓步的人，最終將沒有自己
的原則。

——伊索

你是否時常順應他人的要求，將他人的需要放在第一位？又或是你偶爾會將自己放在首位，在有必要的時候說「不」，做你認為對的事情？

向別人說「不」並非易事。一個懂得說不的人常常無法討人歡心、滿足他人的慾望、照顧到每一個人的需要或符合自己在人們心目中有求必應的形象。

不過這樣的人懂得堅持立場、明白表達自己的意願。他們不會被人利用、不會陷溺在他人的無度需索中而倍受壓迫。

雖然向他人說「不」並不容易，尤其是在你必須做一些別人不喜歡的事、說一些不討人喜歡的話的時候，不過，這才是你保護自己的方法。學著堅持立場，懂得說「不」──不當濫好人、不每天煮飯、或不自願處理爛攤子。站出來保護自己的權利──而非成全他人的需求──從今天起，做一個懂得說「不」的人吧！

今天，我要更加明白地表達自己的意願。如果我不想工作得太晚，我要勇敢說「不」。

誠實

The easiest kind of relationship for me is with ten thousand people. The hardest is with one.

對我來說，一對一千的人際關係最為容易，一對一的人際關係最為困難。

—— 瓊·貝茲

人都有正反兩面。正的一面是一些你樂於與人分享的部份——你所感到自豪得意的技藝力量或人格特質。而負的一面,則是一些你想隱藏起來的部份——你不曾表現的恐懼與脆弱,你覺得羞愧、不自在或者不好意思的地方。

大部份的人都只願意展現自己正的一面。可是只表現出一部份的你,卻無法使人認識你的全貌,使得真誠的愛與你產生距離。

承認自己負的一面,學習讓你的正反兩面取得平衡協調;有時候你必須先經歷脆弱然後才能堅強、恐懼然後才能勇敢、猶疑然後才能堅定、迷惑然後才能有信心。從今天起,請接受正反都是自己的一部份,以接受正面同樣的心境來擁抱負的一面吧!然後,你才能展現真實的自己,使其他人能認識你的全貌,真心接納一個完全的你。

今天我將不再對自己作出太多的價值判斷,並且更願意將全部的自我展現在其他人面前。

希望

我不是樂觀派，因為我不敢保證凡事都將有善終。
但我也不是一個悲觀的人，因為我也不確定凡事都
有惡果。我只是心懷希望罷了。

——瓦茨拉夫・哈維爾

「人生中的每一個低潮之後總是接著高潮。」

你是否對這個說法有所懷疑？因為生命的高峰並非總是緊隨而至，你可能會失去希望，以為壞日子將沒完沒了的繼續下去。你甚至可能會對「守得雲開見月明」這樣的生活信仰失去信心。

然而，與其為處於生命中的低谷而悲歎自憐，今天的你，不如明白，生命中的起落原本就是件極其自然的事。懷抱信心，相信噩運終將結束，而好日子就要來臨。

多多培養正面、積極的想法。一旦你擁有光明、滿懷希望的眼光，生命的波濤在你的眼中也就變得微不足道——因為你深信不管命運如何坎坷，都不會持久。而且你還可以這麼告訴自己：「事情不會再更糟了。事實上，我知道一切已開始好轉。」

今天，我要相信風水輪流轉。我將不放棄保有樂觀希望的眼光。

憂慮

It has been said that our anxiety does not empty tomorrow of its sorrow, but only empties today of its strength.

有人說過，我們的憂慮不會帶走明天的難過，只會帶走今天的力氣。

——查爾斯・司布真

憂慮對你的情緒、身體以及心靈健康是絕對沒有任何好處的。它可以將一件小事渲染成一樁大事，如重石般壓得你喘不過氣，為你的生活烙下又長又暗的陰影。時間一久，你可能就會變成一個習慣性憂慮的人，以為最糟的事將接踵而至，生活完全被恐懼佔據。

「有多重要？」這是當你在憂慮的時候，可以拿來問自己的一個好問題，因為問題的答案將引領你的注意力集中在正確的方向上。你還可以思考其他的問題：「我目前可以做什麼？」當你集中精神在解決惱人的事情上，你可能會發現，那些讓你煩惱的已經發生了或者還沒發生的事情，前者你無力回天，後者你則沒辦法控制。

在你的內心自有一股力量，可以將你的憂慮繼續豢養成一隻巨獸。當然，這股力量或從今天起，亦可將憂慮縮小至合理的大小。放輕鬆地過日子，試著不要把時間浪費在擔心已成定局的事情或根本還沒發生的事情上。不僅於事無補，反而加重心理的負擔。

你可以讓自己活在當下，讓憂慮適得其所。

憂慮使我徒增壓力。今天，走在陽光下，以便看清楚並感受一切正在發生的美好事物。

自信

我們的耳邊總是迴盪著兩種聲音——恐懼與
自信。一個是七情六慾的喧囂；另一個則是
堅定的自我耳語。

——查爾斯・紐康伯

 曾經有這樣一則故事：一個牧師請一群教友談談他們平時的祈禱。一個剛剛失業的人說他祈禱有一個穩定的工作；另一個身體不好的人則祈求健康，而一個貧窮的人則說他祈禱財富。

然而，其中一名教友則對這些祈禱顯露出不以為然的神態，輪到他發言時，他說：「我從不祈禱能夠避開禍事。相反的，我祈禱自己有足夠的能力相信，不管每天發生什麼事，都自有其道理。」

恐懼的聲音激昂而外放；它在你的耳邊或低聲抱怨、或厲聲警告、或喃喃耳語，目的在於傳送驚駭你的訊息，催促你採取行動。然而，你心中自信的聲音卻是柔軟和順的；它告訴你不要擔心，向你保證一切都沒問題，有時它甚至靜默不語，以便你能夠傾聽上天的聲音。

你可以消弭恐懼的聲音，擴大自信的聲音。每天，祈禱自己擁有盡心盡力生活的智慧，並做一個堅強的祈禱者：「不論日出日落，不論陰晴圓缺，我將永遠不會被黑暗包圍。」

今天，我要坦然面對生命的潮起潮落。無畏於恐懼與迷惑，我始終堅定不移。

儲存能源

What we achieve inwardly will change outer reality.

我們內在達到的將改變外在的實況。

——普魯塔克

　　古代的中國人教導後代子孫要效法陸龜的智慧，因為陸龜知道何時應該收斂自己，儲存能源。

你知道自己何時應該從衝突、壓力或精力耗損的情況下抽身而退嗎？你是否有能力將自己摒拒於困難或痛苦之外，以便減少一些迷惘、增加一些注意力？

當你在迷惘混亂的時候，內在的矛盾會反射至外在的行為中。因而，你不但不能解決問題，事實上可能只會使問題更加惡化。然而，當你處於平和冷靜的狀態中，你可以眼光清晰、動作精準，讓你的世界及周遭環境均恢復冷靜。

要培養內在的平和，你可以深呼吸來緩和心跳的速度，將身體調整到一個放鬆的狀態中，安靜而不受打擾地反省片刻，或聽一首可以引導你冥思靜坐的歌曲。

不論你選擇哪一種心靈功課，務求每天練習。規律地培養內在的平和，你便能在緊張的時刻中輕輕鬆鬆地儲存你的能源。

今天，我要利用一段時間深呼吸，聆聽內在的聲音，培養我內在的平和。

life is beautiful

達觀

Death, when it approaches, ought not to take one by surprise. It should be part of the full expectancy of life. Without an ever-present sense of death life is insipid.

當死亡來臨的時候，它不該是意外地奪去一個人的生命，而是生活中充滿預期的一部份。

——繆麗兒‧絲帕克

在杜斯妥也夫斯基所寫的一本小說《卡拉馬助夫兄弟們》的結局中，一個年輕的男人死了。他的葬禮結束之後，他的朋友阿里歐沙招呼那些來參加葬禮的賓客們吃些薄餅、點心，其目的是要在死亡的苦楚中摻雜一些甜美。

若是你只把死亡看成是一種可怕的損失，它便會讓你不斷地受苦；當你只把死亡看成一場無盡的悲傷，你就永遠不能體會伴隨苦楚而來的那一點甜蜜。無論是哪一種狀況，對你而言，接受死亡是生命中一個重要且自然而然的部份，卻也是一件困難的事。

生命的過程包括許多面向，有些是歡樂，有些是悲傷。然而，如果你能夠允許在葬禮或忌日這樣的儀式中擁有一些歡樂的時刻，這些事件就會對生者產生比較積極、正面的影響，而非僅僅是對死者的哀悼。請把你的注意力集中在你與離去的親友間所擁有的美好回憶、他一生的成就、他令人難忘的個性特質或者最幽默風趣的軼聞趣事中。你將可以因此對生活中的每一件事——包括死亡，抱持著達觀、溫馨的態度。

今天，我能夠在淚水中交織一些歡笑，苦難中摻雜一些慶幸，痛苦中混合一些甜蜜。

思而後言

Watch your thoughts , for they become words.

Watch your words, for they become actions.

Watch your actions, for they become habits.

Watch your habits, for they become your character.

Watch your character, for it becomes your destiny.

注意你的思想，它們會變為言語。

注意你的言語，它們會變為行動。

注意你的行動，它們會變為習慣。

注意你的習慣，它們會變為性格。

注意你的性格，它們會變為你的命運。

——瑪格麗特・柴契爾

你是否曾經回首過往，為自己的失言而追悔不已？你是否曾用尖刻輕蔑的言語刺傷他人？你是否曾毫不留情地以犀言利語來批評無辜的朋友？你是否曾以憤怒的話語將愛人的需要摒棄門外？

在此同時，你也可能憶起曾經你是如何以溫暖親愛的喃喃耳語，將你和善的祝福盈注在某個人耳中，你的和言善語，可能曾經使某人流出了感動的眼淚；你也可能曾經為某個被憤怒蒙蔽雙眼的人指點迷津。

言語可以是傷害他人的有力武器，也可以是撫慰生命創痛的溫柔治療劑。所謂言論自由，並不代表你可以不顧時機、毫無顧忌地挑剔批判。溝通應該是一種帶有責任感的交流。

今天，暫且先將自己的情緒和壓力放在一旁，善用你的言語來表達內心的情感，讓他人真切地感受到，因為有他們，才使你的生命更加豐富圓滿。「謝謝你」、「我真的很感激你的幫忙」以及「你真是細心」等話語，可以使人與人之間的互動更加健康快意。

今天，我要收起尖酸刻薄，我所說出的話，要能改善我與他人之間的關係。

從容度日

看看錶，九點鐘了。你去喝杯咖啡，一晃眼便已十點半。大約過了十分鐘以後，竟然已經十一點十五分了。然後，這個早上便在一眨眼間無聲無息地消失了。

——布魯斯・華頓生

 你是否總覺得時間不夠用？是否覺得自己的一天只有二十小時，而別人卻有二十四小時？

在一部電影中，有這麼深具啟發的一幕：為了參加一場冠軍賽，一個小城鎮的棒球隊教練帶著球員們來到比賽場地。當他們踏進這個大城市裡的棒球場，環視著這座富麗宏偉的體育館時，所有的隊員們都被眼前的景象震懾住了。然後，球隊教練發給每個人一卷皮尺，要他們量一量這座球場的大小。教練的用意在於提醒球員們，這座球場和他們以往比賽過的球場大小相同，因此，球員們所要做的，只是盡力打好球罷了。

同樣的道理，你所要在意的，不是時間太少以至於無法完成所有的事，也不是其他人的工作效率有多高，因為每個人一天都只有二十四小時啊！你只要決定下一個小時要做什麼事，然後就去做。等到這一個小時過去了，再決定你下一個小時要做什麼，如此繼續下去。那麼，你將能善用一天中的大部份時光，做你決定要做的事情。

今天，如果我緩下腳步從容度日，也許我就不會有時間不夠用的感覺了。

蛻 變

Although the world is full of suffering, it is full also of the overcoming of it.

雖然這世界充滿苦難，但也充滿克服苦難的故事。

——海倫・凱勒

 如果你曾經歷被解僱、生重病、離婚、喪偶等等人生歷程中的某些重大變化，你必能體會身陷其境的壓力有多大。

有些人常會以消極悲觀的受害者之姿來面對自己悲慘的人生：「我什麼都不行。」有些人則憤世嫉俗，滿腦子怨天尤人的思想：「我會讓老闆知道事情不會就這麼算了。我也不是什麼省油的燈！」而有些人則是對人生感到灰暗、失望或沒信心，他們往往會抱持著這樣的心態：「我什麼都不在乎；反正人生就是這樣子。」

其實，在遭遇人生困境時，應有更好的處理方法。與其沈溺在痛苦與失敗中，不如想想這些人生經驗會對自己產生何種助益。例如，重病之後可以提醒你要更加善待自己的身體、重視自己的健康；而離婚則使你有機會正視自己的需要；被解僱的你，正好可以跳脫生活常軌，重新檢視自己的人生。如果你能將人生的逆境視為重振生命的契機，那麼你將成為逆境挫折中的受益者，而非受害者了。

我能夠培養積極向上的態度，將每一次挫折都視為一次學習、成長與蛻變的新契機。

life is beautiful

要求

One cannot collect all the beautiful shells on the beach.
One can collect only a few, and they are more beautiful
if they are few.

沙灘上所有美麗的貝殼，不可能盡入你手，你只能
撿拾其中的一些。

——安妮・馬羅・林白格

位於加州太平洋林區（Pacific Grove）一個沿海的小鎮，以皇帝蝶每年飛回當地而聞名，觀光客絡繹不絕。蝴蝶甚至成為這個小鎮的標誌及榮耀的來源，並分別被印製在旅遊手冊、街道圖以及市標上。不當，當城鎮日趨繁榮，蝴蝶的數量卻不斷減少。建商、投資者竭盡所能地想要開發出更多的土地來興建房屋與旅館，在野心的操控下，這個曾經是蝴蝶天然棲息地的灌木林與花叢便因受到破壞而逐漸地凋落、消逝了。

你是否也經常在生活中做出類似但規模較小的破壞：為了得到更多，最後反而將自身不留餘地的剝削殆盡？譬如說為了一點的虛榮心，你放棄了在市區一間小巧精緻的公寓，而選擇居住在郊區一棟大型豪華建築的頂樓，這樣的選擇卻使你必須付出雙倍通勤時間的代價。

要求更多的結果往往是獲得更少。與其在意「受」，不如專注於「施」。在社區醫院擔任每週一至兩小時的義工、到兒童夏令營隊幫忙、或在社區圖書館唸故事書給小朋友聽。你將發現要求更少的結果，竟是獲得更多。

今天，我相信自己已擁有所想要的一切——甚至更多。

041

杜絕危機

Only those who have the patience to do simple things perfectly ever acquire the skill to do difficult things easily .

只有有耐心圓滿完成簡單工作的人，才能夠輕而易舉地完成困難的事。

——弗里德里希·席勒

事情往往要等到了危急存亡之秋，你才會去注意到它。譬如說，你可能拖延帳單不付——即使你手頭上有錢——直到收到繳交滯納金通知為止。或者，你可能不去在意夫妻間的溝通問題，直到你的伴侶對你下最後通牒，要求接受婚姻輔導、分居，或者離婚。

預防勝於治療。與其在心臟病發才匆匆忙忙地上醫院掛急診，不如每天注意飲食、適量運動或定期作健康檢查。防患於未然，可以使你省掉將來的麻煩，使事態不至於惡化。

若要做一個「麻煩終結者」，首先必須列出你在生活中可能遭致危機的一些領域，也許是你的工作績效，也許是你的財務狀況。然後，想一想你能做些什麼以防止這些潛在的危機發生。像是準時上班，或是實行一項儲蓄計畫，可以使你遭遇此類麻煩的風險降低，不至於受到威脅。

未雨綢繆、防微杜漸，能讓你的生活更有保障。

今天，我要負起個人及工作上的責任，不使小事擴大。

改變

改變一個簡單的行為，可以影響其他的行為，並因此改變許多事情。

——金·貝爾

一顆圓石滾進了池塘，皺起了一圈圈的漣漪，並向外擴散到周圍的岸上，造成這個池塘瞬時的改變。同樣地，你自己也能做出改變，衝擊到你生活中其他的人、事、物。

如果你設定這種改變行為的目標：「今天，不論我有多生氣、多苦悶，我都不能提高嗓門來咆哮。」想像一下你周遭的那些人對你的新行為模式將會有什麼反應？例如，你的小孩可能在早餐時不小心打翻牛奶，並因為預期你將如往常般發怒而恐懼著，但是你卻告訴他：「沒關係，我來幫你弄乾淨。」或者你的另一半加班忘了告訴你，他可能預期將要面對一如以往的生氣嘮叨，然而你的反應卻是：「我希望你下次記得先告知我一下，好嗎？」

改變會以許多正面的方式影響你和你的生活。除了讓你更加健康快樂以外，也可以讓你與他人更接近，使你成為更有建設性的人，並且幫助你更有效地運用你的改變和精力。

今天，我將開始改變生活。我會為自己設立一個小小的目標，以帶來正面的改變。

盡己所能

Don't waste your time striving for perfection; instead, strive for excellence - doing your best.

不要把時間虛耗在要求完美，而要去追求卓越——盡己所能吧！

——勞倫斯・奧立佛

一位前途似錦的年輕作家，因為她的第一本小說獲得好評，而且十分暢銷，因此出版商立即要求她著手進行第二本小說。

這個作家剛開始為處女作的暢銷而狂喜不已，但緊接著她便開始擔心未來。如果第二本小說不如第一本傑出，該怎麼辦？如果寫了一本又一本的小說，卻發現最好的還是第一本時，又該怎麼辦？類似的問題不斷湧現，促使她執著地希望第二本力作可以媲美前作，以至於日復一日地膠著在書的開場白上：「我得用最好的字眼造就最好的文句，來作為這本書的開端。」她不斷地用這句話來期勉自己。

然而數年過去了，這位作家的第二本小說仍然不見縱影，或許這個時刻她還坐在她的電腦前面，為了斟酌最完美的字眼而苦思不已呢。

凡事背負著要求完美的包袱其實是不必要的。與其事事要求完美，不如克盡全力就好。如此，不管做什麼事，你都可以逐步去實現，而不至於像那位作家般始終停滯不前，而且，你也不會對自己所做的一切處處挑剔，而懂得自我滿足。

我只是希望自己不管做什麼事，都能因為克盡全力而感到喜樂。

life is beautiful

計畫與實踐

It is not good enough for things to be planned — they still have to be done; for the intention to become a reality, energy has to be launched into operation.

光是計畫還不夠——它還得被執行；為讓意念成為事實，能量需要被啟動進入運轉。

——華特·凱利

你是否發現自己經常沒有辦法從頭到尾完成一項工作？這其中最主要的原因就在於猶豫與拖延。在你決定進行一項工作時，便停頓下來考慮所有的枝微末節，這樣將使你難以完成工作，但若因為一項計畫的前置作業太過複雜，便延宕它，也將使你永遠都不會有開始的時候。

有效的時間管理，關鍵就在於不受任何阻礙的影響，而按部就班地執行並完成整個計畫。譬如說，如果你碰到一個龐大複雜的計畫，你可以將它分成幾個子計畫，或者徵召你的伙伴或同事協助，他們不僅可以在工作上支援你，也能在精神上給予你鼓勵和支持。或者，如果你發現即使是面對一個較為小型簡單的工作，你也覺得千頭萬緒，不知道從何下手、提不起勁來。與其一頭栽進這項工作，不如先擬好一份工作計畫表，然後按照進度來加以落實。也許你還可以想想完成這件工作後會得到的報酬——獲得肯定、財富或成就感。

這麼做，也可以幫助自己踏出開始的第一步以及提供完成一項工作的誘因，也讓你對未來成功之後的遠景有所了解。

時間就是金錢。今天，我不再浪費時間在原地打轉，我要立下目標，確切實行。

情緒管理

Deal first with whatever is causing you the greatest emotional distress. Often this will break the logjam in your work and free you up mentally to complete the other tasks.

先處理造成你最大煩惱的事情，通常這會突破你工作上的僵局，且讓你在心理上得到釋放以完成其它的工作。

——布萊恩・崔西

最容易使人精神暴躁易怒的，莫過於掩藏和壓抑自己的感覺。想要抑制自己的情緒，或隱藏使之不在人前發作，就好比想用鍋蓋蓋住一鍋沸騰的水一樣。你越是想要這麼做，你的情緒就越像一鍋沸水，不斷地有氣泡冒出表面，並隨時可能衝出鍋蓋。

在某些場合中，內化自己的情緒是有助益的，像是在盛怒之下外表仍然保持平靜，不但可以給周遭的人留下一個好印象，還可以因為按捺住一時的怒氣，而不致使雙方的關係陷入無法開解的尷尬中；可是長久下來，這麼做將會使你儲存過量的緊張與壓力。

內化情緒的方式便是將它發洩出來。不過，最安全的做法還是盡量避免在那些惹你生氣的人面前，或是在已經非常難堪的氣氛中，當場發作。

通常比較妥當的方式是把情緒寫在日記中，或和局外人談一談。這麼做或許能稍稍紓解你情緒發洩的能量，而不至於如山洪爆發般，一發不可收拾。

今天，我要明白地表達我的感受，並告訴他人我的想法。

成長

你只從那些稱讚你、對你和善，而且處處替你留餘地的人之處記取教訓嗎？你從不向那些反抗你、與你爭辯的人那裡學得教訓嗎？

——華德・懷特曼

幾乎所有的藝術工作者都不願意承認，他們經常滿懷熱忱地閱讀有關他們的藝評。雖然他們常常不能苟同這些評論，可是他們卻能從中發現一些更為客觀的論點，而這些論點是無法從別人那裡獲得的。通常他們會判斷這些論點，並從挫折的感受中接受勸告，然後將這層認知運用到下一部作品中。

你或許喜歡聽別人對你的善意讚美或正面鼓勵，但事實上這樣的評估幾乎不能確切地為你指出優缺點所在之處，甚或是提供你有效的改進空間。正面的回應可以建立你的自信，但是鼓勵成長、創造挑戰或是提供目標的效果卻是有限，因為有批評才有進步。就像某位藝術工作者所說的：「有時我想寫封信給評論家，告訴他不要管我。問題是當我一陣子沒看到他的消息，我又會開始懷念他了。」

與其接受千篇一律虛浮的讚美，何不大方地問：「你真正的感受是什麼？我真的很想知道。」展現你的接受力，去傾聽一些更深刻的評論，你將會學到許多切身的事物。

今天，我會利用他人對我的批評來學習，並且從選擇我想要改變的事情中獲得經驗。

虛心納諫

Intelligence is not to make no mistakes, but to see quickly how to make them good.

聰明不代表不會犯錯，而是立即察覺該如何從錯誤中得益。

——貝托爾特・布萊希特

你是否過度敏感、害怕受到他人批評、或是發現自己的情感容易受到傷害？有時候你好像很難在不感到被傷害、拒絕或羞辱的情況下與人交談。

偶爾過度敏感是生活的常態。每個人都會有掉了一頂帽子便大哭起來、聽到別人說的一句話便激起一種強烈的防衛意識，或覺得極度困窘的時刻。

一旦你有了這種感覺，你便很難去聆聽客觀的作法及想法。你看不出來是你今天特別倒楣，或是對方特別挑剔，還是自己太敏感了。

不過，重要的是你得謹記在心，不論別人說了什麼，或你受到多大的傷害，都不會妨礙你成為一個優秀而有價值的人。

下回當你覺得受到他人責難或批評攻擊的時候，不妨留心記下他們所說的話，有時候，用閱讀而非聆聽的方式來看待這些批評，可以減低你的反抗欲望、冷卻你的情緒反應、幫助你採納他人的建言。

今天，我會記住自己的優點，並利用他人的評語來改正自己的缺點。

過下去

In three words I can sum up everything I've learned about life: it goes on.

我可以用三個字來總結一切我對生活的認知：過下去。

——羅伯特·佛洛斯

你曾經探挖過螞蟻窩嗎？對於你這種毫不在意的破壞，牠們的立即反應是盡可能地挽救自己及同胞的生命與巢內的家產。因此，牠們會即刻行動，把幼蟲搬到比較安全的地下室，而窩巢曝露在外的內容物都被重新安置在看不見的通道上。散落的塵粒很快地又被堆放起來，只需要幾分鐘的時間，蟻群再度安全地在地下建立窩巢，而且迅速地恢復了正常的作息。

當某個災難或者一些非預期的事件發生時，你會如何反應？你想要瑟縮的躲在掩蔽物下，還是像螞蟻一樣，積極的應變並迅速回到正常的生活步調中？不要為生活中被耽誤的計畫或者某些失去的事物呻吟慨嘆，你應該試著像螞蟻一樣，學習如何在最短的時間內與環境做最好的協調。

生命不會停下來或給你時間來思考應付危難的方法。時間分分秒秒地過去，而大自然的腳步依舊繼續著。每一個事件都是生命週期的一部份。因此，你必須抬頭面對生命，調整生活中的高低起伏，並且認真地過下去。

我會把生活中未曾預料到的事件，僅僅看作是生命週期的一部份，繼續過下去。

認真的態度

Youth is not a time of life; it is a state of mind; it is not a matter a ripe rosy cheeks, red lips and supple knees; it is a temper of will, a quality of imagination, a vigor of the emotions; it is the freshness of the deep springs of life.

年輕不是人生的一段時期,它是一種心理狀態;它不是粉色的臉頰、紅潤的嘴唇或柔軟的雙膝;它是關於意志力、想像力以及情緒的能量;它是來自生命泉源的朝氣。

——塞繆爾・烏爾曼

你對年歲漸長有何感覺？你是否害怕身心不斷地衰老下去？你對於漫長的病痛與死亡是否感到焦慮不安？或者你正期盼退休，好去完成你長久以來的夢想？

雖然你對時光的流逝與年歲之增長毫無阻止的能力，但是你可以調整自己對年老的心態。譬如說，如果你相信你到了六十五歲就毫無生活意義可言，那麼當你到了六十五歲的時候，你大概就會坐在一張老舊的搖椅上，自怨自艾地等待死亡。可是，如果你現在相信：「我到了七十歲的時候還可以去慢跑、打太極拳」或「我想要一圓環遊世界的夢想」，那麼你就會在漸老的過程中保有這樣的心願，並且努力去實踐。

你今日的態度會決定你看待未來的眼光。多瞭解自己的心態，給「老當益壯」的自己寫一封信，在信中詳述你如何看待自己的日漸年老。然後，在每一年生日的時候，打開信，細讀一遍，加上一些你對生命的新看法，及對自己認真過日子的讚許，然後再收好信，以便在下一回生日時再讀一遍。

當你回顧自己的「黃金歲月」時，你看到的是什麼樣的自己？你是虛弱而遲緩？還是強壯而敏捷？

今天，我要以積極的態度來面對即將老去的自己。

專注眼下

Today's opportunities erase yesterday's failures.

今日的機會可以擦去昨日的失敗。

——吉尼・布朗

雖然你活在現在，可是依然受到過去經驗及對未來展望的影響。由於人們通常會有沉溺過去及夢想未來的通病，因而專注於當下也就越發不容易。畢竟，如果你無法向前看，即使擁有欲求與夢想，又如何能立下目標呢？又如果你不反省過去的言行舉止，汲取失敗的經驗，又如何能改變自己，邁向成功呢？

不過，耗費時間為過去的作為懊悔：「我上星期的企畫應該執行得更好才是」；或瞻望未來：「如果我加薪，我就要換一輛高級房車」……等，將使你無法集中注意力於現在，全心地處理眼前的事務。

活在當下是你避免自己耽溺於過去或沉醉於未來的最佳良方。但是，要如何專注於眼下呢？將自己的一生——過去、現在與未來——想成只有一盞聚光燈的三個戲劇舞台，這意謂著每一次只能上演生命中的某一個階段。

當戲正上演，你是否能使自己熠熠發亮？

過去的我在過去，未來的我在未來。現在的我，要全神貫注地活在當下。

用 心

Shoot for the moon and if you miss you will still be among the stars.

即使登月不成，至少你仍在繁星之間。

——利斯·布朗

　　求勝應該是所有參加國家美式足球賽者唯一的目標，但是並非每支球隊都能贏得超級杯。只有一隊可以封王，意謂著有更多的球隊、球員、教練、球隊老闆、他們的家人以及球迷們必須面對成王敗寇這個事實。然而，過份注重比賽的勝負是正確的嗎？記分板上的分數和盡力打好一場球賽所付出的辛勞，哪一項才是重點呢？

奮力求勝並非只在競技場上可見，它也是我們這個競爭世界中隨處可見的一幕場景。在工作上領先群雄、爭取最多的盈利、教養出最傑出的孩子、鍛練出最佳的體魄、追求更多的物質享受，這種種強烈的企圖你是再清楚不過了。

然而，把每日生活的重心放在爭強求勝之上，反而會模糊了真正要緊的事。對你而言，在工作中盡力準備的一場簡報應該比一間豪華的辦公室更加珍貴；而用心教養出一個誠實體貼的孩子，更是比訓練他考試得第一名來的更重要、寶貴。

勝敗乃常事，是否盡心盡力才是重點。

我不能用一塊記分板來記錄今日成就。不管做什麼事，我都應只看過程，不論結果。

life is beautiful

跳脫

*Our dilemma is that we hate change and love it at the
same time; what we really want is for things to remain
the same but get better.*

人生的兩難在於我們痛恨變動，但同時又很喜歡改
變；我們希望事情能照舊如常，但越來越好。

——席德尼‧J‧哈瑞斯

你是否常會抱怨：「要不是某件事阻礙了我，我一定可以完成工作？我沒辦法執行新的企畫，因為我沒有時間；我不能與我的戀人分手，因為我沒有其他人可以依靠；我沒有辦法把孩子教好，因為我一向就跟他們處不來。」這些說詞其實只是阻礙你成就某件事的一些藉口罷了。

你必須知道，「我不能」只是「我害怕」的另一種說法而已。所以，你應該擺脫恐懼，一心想著你所能做到的事。沒有任何人可以阻止你去冒險、嘗試新鮮事物、到從沒去過的地方、變得平易近人、換工作、重返校園或是教導孩子。

今天，把「我不能」這句說辭，改成「讓我試試看」，這將是你排除恐懼的第一步。如此一來，你便能移開、甚至排解你給自我設下的障礙，並向你的恐懼挑戰。如果你不喜歡改變，你將難以適應不斷在改變中的世界。

今天，我要嘗試用一些新的行為或方法來處理事情。

冒 險

One doesn't discover new lands without consenting to lose sight, for a very long time, of the shore.

一個人在發現新大陸之前，必得歷經一段長久飄洋，看不到岸的日子。

——安德瑞・紀德

感同身受地體會一下，當哥倫布和他的手下揚起風帆，明白自己可能再也回不了家時的感覺。即使如此，他們並未因此而怯步，仍然踏上這一趟冒險的旅程。

冒險意謂去嘗試新奇未知的事物，而無法預知結果。有時候，你的冒險會得到正面的回應，例如你可能會向上司要求加薪，而且你成功了；冒險也會有失敗的時候，例如你想要安排一次約會，卻被對方拒絕。

不管結果如何，冒險的本身才是重點。恐懼是對未知的一種自然反應，可是所謂的冒險，就是心中雖然害怕，卻仍舊義無反顧。故最好的冒險家會說：「我又有什麼損失呢？」他們抱持的態度是，縱使失敗，至少他們曾經嘗試過。

先想想你即將從事任何帶有風險的計畫，然後在一張紙上寫下冒這個險可能會使你失去什麼？又可能會使你得到什麼？衡量你所能得到的利益，勇敢去冒險吧！你要克服對冒險的恐懼，於是你自問：「如果我冒險，最壞的結果是什麼？」

今天，我要考量這個冒險的結果是否糟到阻止我採取行動。

習慣

習慣起先是像蜘蛛絲般細小，最後發展成如
繩索般粗大。

——西班牙諺語

　　你是習慣的產物。你的一些習慣導源於恐懼、迷惘、猜疑、緊張或憂慮的感覺，而且已經變成一種無意識的反射性行為。抽菸、咬指甲、坐立不安、對某樣東西著魔等均是實例。除非你對自己的習慣有所察覺，否則不可能戒除這些習慣。

若要對自己的習慣有所察覺，請多注意自己在從事某項工作時的行為舉止。例如，想想自己是怎麼開車的：也許你習慣緊緊跟著前面的車、對不打信號燈的車子猛按喇叭或者超速。下回你開車時，先想想你在開車時會有哪些壞習慣，然後自問：「我這樣開車有什麼好處？若因而發生危險值得嗎？」

尋找正面的替代方案也可以幫助你戒除壞習慣。譬如說，如果你發現自己在緊張的時候會咬指甲，那麼，試著在手上拿一支筆或拿一本書。如果早上喝咖啡會刺激你抽菸的欲望，那麼不妨改喝茶、可可或熱開水。另外，你還可以立下一週讀一本書的目標，轉移自己的注意力。明白自己的壞習慣以後，你就可以用更有建設性的行為來取代它。

今天，我要整頓自己的習慣，並學習用新的方式來處理約定俗成的例行公事。

盡心便是勝利

我是個好勝心強的人。不過我不是那麼沈迷於
求勝，以至於一天都離不開我的工作崗位。

——羅伯特·巴瑞斯

求勝的欲望會使人上癮。勝利的滋味甘醇甜美，勝者可以得到眾人的肯定、獲取報償並且百尺竿頭。

競爭就和刺激、恐懼、挑戰、冒險一樣，是一種具有正面意義的壓力來源。這是大部份的人在工作中所期望的壓力，也是驅使這些人盡心發揮的動力。

然而競爭的壓力所具有的正面意義與負面效果僅一線之隔。當處處求勝的念頭變成一種執迷，當求勝的壓力從挑戰變成一種負擔，或者當失敗引起挫折或恐懼的反應時，競爭的負面效果便顯現出來。然後，競爭便開始帶有強制性，而勝利就成為唯一可以被接受的結果。

面對生活中的競爭，處理之道在於，只重過程、不管結果。永遠都要保持這樣的心態：「勝或敗並不重要；重要的是我保有運動家的精神。」

今天，我要記得凡盡心者便是勝利者。我要用競爭來鞭策自己，而非控制自己。

身體的需要

Every man is the builder of a temple, called his body,
to the god he worships, after a style purely his own, nor
can he get off by hammering marble instead.

每個人都是自己身體殿堂的建造者，要對自己盡心
與否負責。

——亨利・大衛・梭羅

 今日身體的諸多疾病，大都是由於抵抗力不足所造成的。身體狀況欠佳雖然與年歲漸長極有關聯，但是週期性的壓力也是主要的元兇之一。這些身體、情緒以及精神上的輕微症狀，像是頭痛、潰瘍、焦慮、沮喪以及失眠等，都與壓力有關。即使是一些病毒所引起的疾病，例如感冒傷風等，也是因為壓力削弱了人體的免疫系統，才使病毒有機可乘。

保護身體免受壓力傷害的一個方法，是回應身體的需求，「傾聽」身體的聲音，瞭解身體的需要。例如，習慣性的眼睛疲勞是在警告你控制自己坐在電腦前面工作的時間；而經常性的消化不良則是在提醒你多吃一些高纖維的食物，而且在進餐時不要狼吞虎嚥。

你還可以設法減輕壓力對身體的影響。在專業醫師的指示下，利用定期藥物、深呼吸及靜坐來降低血壓，此外，先一個香草浴也可以放鬆你緊繃的肌肉。

雖然壓力在今日的社會中無從避免，利用以上一些治療壓力症候群的方法，將能使你的身心更健康。你的健康與幸福操縱在自己手中。

今天，我要調整自己的日常作息，將壓力對身體及心靈的傷害減到最低。

活在當下

When I look back on all these worries, I remember the story of the old man who said on his deathbed that he had had a lot of trouble in his life, most of which had never happened.

當我回顧所有的煩惱時，想起一位老人的故事，他臨終時說，一生中煩惱太多，但大部分擔憂的事卻從未發生過。

——溫斯頓·邱吉爾

你是否關心你的週計畫、月計畫、年度計畫或十年計畫更甚於今天的計畫？眾人皆如此，身體活在現在，心思卻可能已飄向未來。

計畫未來是一樁美事，它可以幫助你規劃生活、協調你和他人之間的配合過程，使你更有效率地達成目標。然而，活在未來卻不是一件好事，尤其是在你有杞人憂天傾向的時候更是如此。

常言道：「船到橋頭自然直。」這真是一句用來治療人們未來憂慮症的良方。不管何時，只要你發現自己又在預測或想像未來，就要趕緊提醒自己，停止這種執迷吧！大聲地對自己說：「現在的我管不了那些。」「事情還沒個定數呢！」「車到山前自有路。」「我要專注於當下。」

未來不可知，唯有掌握現在，才不會在以後的未來後悔過去。

我知道未來的路還很長。今天，我要腳踏實地，活在當下。

錯誤的價值

現實的人生免不了有錯誤，那只是人們對失誤的一種反應罷了。

——妮姬・吉凡妮

 大聲地說出「我非完人」這句話，並評估自己的反應。你是感到緊張焦灼、生氣失望、羞愧難當，還是覺得鬆了一口氣？

追求一個完美無瑕的生活，就和拍一場不需排演、不NG的電影一樣困難。一旦你為自己設下的高度期望未能獲得滿足，你的失落感恐怕會淹沒一切。

犯錯可以讓我們學習到兩項重要的課題：

第一，盡了全力就相當於接近完美。因此，今日你打了一場毫無失誤的球賽，並不代表明天你的表現依然會十分完美。明白這一點，你便能享受每一次打網球的樂趣，而不會再為了漏接一記短線或連續兩次發球失誤而感到懊悔難當。

第二，錯誤是指引你走向目的地的路標。它們指出你的弱點，幫助你重新集中精神。因此，錯誤本身自有其價值存在；是錯誤使你成長，而非完美。

犯錯會使我失去什麼呢？今天，我要謹記在心，錯誤能幫助我學習及成長。

獨處

If you are lonely when you're alone, you are in bad company.

如果你在獨處的時候感到孤單，那麼你也不會是一個好的陪伴者。

——尚・保羅・沙特

假想你今天沒有任何的計畫：不須早起上班、不必上學、沒有雜事待辦，而且也沒有人會佔用你的時間、需要你的付出與關注。剛開始的時候，你可能會覺得很棒。然而，完全的獨處，沒有地方可去，也沒有人陪伴你，你覺得會有多自在呢？

想想自己最近一次獨處的時候，你是安心自在地享受一個人的愉悅呢？還是下意識地想要打開電視機或拿起電話筒，以便逃離這種孤獨的處境？

雖說人是群居動物，你需要和其他人有所聯繫，但是你同時也需要和自己保持親密的聯繫。只要你喜歡自己，無論是有人陪伴，或是獨自一人，都會是一種享受。

今天，你可以找些獨處的時間，摒除電視或其他雜務的干擾，在日記中寫下你在獨處時的感想以及對自己的感覺。只要你持之以恆，不僅可以發現真實的自我，也能明白自己並非是一個不易獨處的人。

今天，我將花三十分鐘的時間獨自安靜地坐著，聆聽內在的聲音與情感。

不望回報

Expecting the world to treat you fairly because you're a good person is like expecting a bull not to attack you because you're a vegetarian.

如果因為你是個好人，便期望這個世界會公平地對待你，就和因為你吃素，便期望牛不要撞到你是一樣的道理。

——丹尼斯·何勒

人生的難題之一，便是「黃金法則」並非適用在每個人的身上。也就是說，儘管你在工作上堅守誠信原則，也不能代表你的上司對你會同樣地以誠相待；你全心全意地愛一個人時，也不意謂著對方就會永不變心；你為子女付出一切，你的孩子不見得懂得感激你；而你的成功也不表示你的父母就不會再苛求你。

你的善意不一定會得到他人同等的回報。那麼，當你竭盡所能地為你的家庭、工作環境及人際關係帶來積極的活力、包容與坦誠，換來的卻是欺騙、緊張、衝突與對立時，你又該如何維持內心的平靜呢？

首先，要明白每個人都可以依其自由意志來決定自己的行為，不是一定非要對你的作為有同等的回應。其次，與其費力去改變他人的想法及行為，不如揚棄你對他人高度期望的執念。去散散步、看一場電影或和朋友一同計畫一項活動；因為主動行動，勝過於被動地等待回應。

我喜歡自己對待他人的方式，那麼便已足夠。重點應在於自己，而非他人的回應。

發芽的幸福

Happiness in this world, when it comes, comes incidentally. Make it the object of pursuit, and it leads us a wild-goose chase, and is never attained. Follow some other object, and very possibly we may find that we have cought happiness without dreaming of it.

就這個混沌世界而言，幸福的來臨畢竟是以偶然居多，倘若你刻意地追求幸福，只會陷自己於盲目的追尋中。

——納撒尼爾·霍桑

你曾認真思考過幸福的定義嗎？還是仍執著的相信累積財富、充實物質生活才能帶來幸福？但可以預見的是，新設備會折舊、美麗的衣裳會褪色折損、昂貴的車也會有凹陷及刮傷的一天。又或者你相信幸福來自於升官或換新屋？不過，新的職位、新的房子總有一天也會變成老工作與舊房子。還是你相信嫁（娶）對了人，擁有表現完美的兒女會讓你感覺幸福？不過老實說，就算是永誌不渝的愛情或表現優秀的孩子，也無法給你永恒的快樂與幸福。

為什麼會如此斷言呢？因為幸福源自內心，並非來自你所買、所求以及被給予的任何東西。幸福是一種滿足、平靜及愉悅的感覺，發自你內心對自我生活的感覺。

今天，花點時間尋找可以讓你感到幸福的簡單事物。是和朋友們一起笑鬧？是欣賞美景？是來一頓燭光晚餐？還是過一個只有音樂陪伴的夜晚？

幸福不假外求，它可以在你心中發展成長。有時候，只是做你自己或做你高興的事，都會讓你感到無比幸福呢！

什麼能使我感到幸福？今天，我要從自己的內心及所在的處境中，探求快樂的泉源。

放鬆自己

壞習慣總是在不知不覺中形成——如溪澗匯
流成江河，江河匯流成大海。

——約翰・杜萊登

 你如何使自己放輕鬆？喝酒？抽煙？喝咖啡？服用鎮定劑？或是看電視？

這些習慣表面上看起來可以幫助你減輕壓力，實際上卻是長期增添你的壓力。例如，抽煙會使你心跳加速、血壓升高；啤酒或咖啡會使你暫時感到精神奕奕，但之後你又會重回萎靡不振的狀態；而經常使用酒精或藥物則會使你上癮；看電視只是給你逃避問題的機會，並未能真正解決問題。壞習慣可以培養，好習慣也是。

顏色視覺化就是一個平靜心情的好習慣。想一個可以代表你緊張情緒的顏色。例如紅色表示憤怒、咖啡色代表沮喪。閉上眼睛，讓心中充滿這些色彩，把自己和周圍的一切都想成這些顏色。

然後，再想一個柔和的顏色——例如天空般的藍、芳草般的綠或玫瑰般的粉紅。想像這些顏色的雲朵在你頭頂上輕輕飄過，灑下同樣顏色的雨滴在你身上。在你深呼吸的同時，這些雲朵緩緩地將你身上代表緊張的顏色洗淨。顏色視覺化是一個會讓你上癮、平靜而且健康的好習慣。

合宜的放鬆技巧，可以讓人們身心舒暢。今天，我要用我喜歡的顏色來安撫自己。

休 息

Take rest; a field that has rested gives a bountiful crop.

休息一會兒，經過休養生息的田地將五穀豐收。

——奧維德

 在陀螺似的生活步調下，你何時才會讓自己休息一陣子？生病時？肌肉痠痛到無法行動時？或失眠了好幾個夜晚時？

你可能和大多數人一樣，不到身體支撐不了的地步不會停下來休息。不過，養成傾聽身體語言的習慣，你才能「接收」到身體需要休息的訊號。肌肉緊繃、背痛、輕微的頭痛、疲憊的雙眼、無法集中注意力等，皆是相關的訊息。

休息並非意謂什麼事也不做。休息的意思，是要你慢下腳步、放鬆自己緊張的情緒。躺下來休息一會兒，出去看場電影、讀一本好書、看電視、聽音樂，甚至和朋友講電話，都是一種休息。

休息能使你的身體行有餘力去釋放緊張，將身心回復到一個正常平衡的狀態。一旦你能夠得到充份的休息，你會更有活力、更有衝勁。一如睡午覺的支持者邱吉爾所說的：「很抱歉，每天中午我都必須像個小孩般上床睡覺，可是睡過午覺以後，我就能一直工作到半夜一兩點，甚至更晚。」

當電池的電力耗盡，燈光會閃閃將熄，直至黯滅。而休息，是為了充電，走更長遠的路。

今天，我要休息一會兒，為自己充充電，使一天的其餘時間，都能明亮如晝。

life is beautiful

情 緒

The growth of wisdom may be gauged exactly by the diminution of ill temper.

乖戾脾性的消減可以準確地反映智慧的增長。

——弗里德里希・尼采

你曾經因為自己的情緒不好而責怪他人，例如你的上司、同事、朋友、老師或父母嗎？你也許會因為別人的言行舉止而感到生氣或憎恨，但是，他們並不是導致你情緒不好的元兇，你才是掌控自己情緒的主人啊！

因為你才是自己感情的所有權人，你有權選擇自己的情緒是收還是放。把情緒放在心中會增加它們的強度，使這件事一再地在腦海中重複，並阻礙你感受當下的光景。但是，如果你能就此釋懷，你便可不受牽制，還給內心一片自在。

那麼，到底要如何才能釋懷呢？其中一個技巧便是採用拖延戰術。你可以選擇暫時不去想它，比如說十五分鐘至一個小時，而不要讓這股情緒一直困擾自己；或者把注意力放在其他事情上，然後等時間一過，再問自己：「我現在還有這種感覺嗎？」把事情放到心中的「暗室」去，讓它自行冷卻，這才是處理情緒的上策。

今天，我要把我不想要的情緒放掉，只留下可讓我精神為之一振的好情緒。

均 衡

Happiness is not a matter of intensity but of balance, order, rhythm and harmony.

幸福不是一種強度，而是一種平衡和秩序、節奏與和諧。

——托馬斯・默頓

一粒橡實需要時間來長成一棵有力的橡樹，它必需耗盡所有的精力，然後，從根部吸收水份和養份，才能變得又高又壯。不過，如果這棵橡樹吸走所有的空氣、陽光、水份和養份，附近的樹木就會變得衰弱而矮小，甚至逐漸失去了生機。

身處於「森林」中的你，也需要處處付出關心；森林中有生涯樹、家庭樹、父母樹、朋友樹和個人樹等。如果你把大部分的時間花在滋養其中的一棵樹上，那麼其他被你忽略的樹便無法長得好。

這就表示，對你而言生命中的每一部份——你的家人、朋友、工作和你自己的成長是一樣重要的。

把生命中的每一件事和每一個人，都視為需要你照顧的樹。在每一棵樹上都投注一些時間和關心，它們就會欣欣向榮。

我的目標是維持均衡的生活，如此才能讓我生命中的每一部份，都充分發揮潛能。

快樂之窗

當一扇快樂之門關閉的時候,另一扇快樂之窗便隨之開啟;但是我們卻往往執著於這扇門的關閉,以致於看不見那扇早已為我們敞開的窗。

——海倫·凱勒

在你的記憶中，是否曾有什麼特定的事件令你覺得非常快樂、期盼而且樂在其中？也許是高中的畢業舞會、大學的畢業典禮、新車交貨、購買第一棟房子、升遷或者到國外度假……。不過，一旦這些事件結束以後，你的心情如何？你仍然快樂嗎？

令我們快樂的時光往往一瞬即逝。

舞會總要結束，升遷之初的興奮之情終究要漸漸淡去，假期的最後一天也必會來臨。但是永遠會有另一個舞會、另一項工作成就和其他讓人興奮期待的旅遊機會。

真正的快樂不只是一種感覺；它發自於內心，它是一種信仰，相信美好的事物一定會發生，艱困的日子不會永遠持續下去。假如你能夠想著那些在生活中源源不斷地帶給你滿足、平靜或愉悅的事物，當一扇快樂之門關閉的時候，你就不會太過在意了。

今天，我會想想那些帶給我平靜與滿足的事物，而不是那些曇花一現的歡樂。

探索天賦

Every artist was first an amateur.

每一位藝術家都是先從業餘開始的。

——拉爾夫・沃爾多・愛默生

你是否自絕於新的想望——例如畫畫、唱歌、寫作……，只因為你自認為自己永遠也不可能成為林布蘭特、芭芭拉‧史翠珊或布朗蒂第二？

認為人類的才華與生俱來是一種錯誤的想法。每一個成功的藝術家都是九十九分的努力加上一分的天賦。偉大的傑作很少是在第一次嘗試便成功的。舉例來說，當初出茅廬的芭芭拉‧史翠珊在「蘇利文秀」演唱，展現她驚人的天賦之時，她看起來不過是個有才華的演員及歌手罷了，可是多年以後，她卻在舞台上因為表演音樂劇而獲得滿堂喝采。

老是讓「永遠無法做到最好」的想法阻礙了你探索天賦的可能，那麼你將無法發揮驚人的創造力，這創造力的發揮不但可以幫助你抒解每日的煩憂，還可以讓你更加了解自己。一如比利‧喬這個才華洋溢的成功作曲家對貝多芬的評語，他說：「這個傢伙很有一套。他那個時代並沒有錄音機可以立即把他正在寫的東西播放出來。他必須不辭辛勞，一點一滴的創作音樂……我真想知道他是如何辦到的。」

今天，我要改變畫地自限的想法，多方去嘗試，去探索我的才能。

life is beautiful

樂 觀

Optimism is the most important human trait, because it allows us to evolve our ideas, to improve our situation, and to hope for a better tomorrow.

樂觀是人類最重要的特性，因為樂觀使我們的思想得以進步、使困難得以被化解，使我們對明天充滿希望。

——塞斯・高丁

　　已有統計顯示，今日懷有嚴重沮喪感的人數是五十年前的十倍。這樣的統計結果實在不足為奇。企業蕭條、景氣低迷、物價不斷攀高、失業率節節上升、暴力犯罪層出不窮，如今樂觀的人們和使人心振奮的話題已寥寥可數了，悲觀的氣氛正在蔓延中。

想想我們平時談論的話題。你比較喜歡談論生活中的困難壓力，還是個人的成就和有趣新鮮的奇聞軼事？你覺得悲慘聳動的話題比較吸引你，或者是溫馨有趣的事件更能引起你的關心？

悲觀與樂觀是一體的兩面。樂觀論雖然並未蔚為流行，卻可以用來對抗沮喪、消除壓力、支撐個人的成就感，並使人擁有健康的身體和心靈。

抉擇就在你自己：你要做個樂觀論者？抑或是個悲觀論者？

今天，我要面帶微笑、開朗樂觀地與他人來往，驅走並遠離心中的消極悲觀。

朋 友

The way to make a true friend is to be one.
Friendship implies loyalty, esteem, cordiality,
sympathy, affection, readiness to aid, to help, to
stick, to fight for, if need be. The real friend is he
or she who can share all our sorrows and double
our joys. Radiate friendship and it will return
sevenfold.

交到真正朋友的方法是自己先成為真正的朋
友。友誼意謂忠誠、尊重、禮貌、同情、關
愛；準備好協助、幫忙、支持、在有必要時為
其奮鬥。真正的朋友可以分擔我們難過，並加
倍我們喜樂。表現你的友誼，你將得到七倍友
誼的回饋。

——伯蒂・查爾斯・富比士

所謂友誼，是共同分享與經驗彼此的快樂。然而，你有時候是否會對一個朋友的幸運感到嫉妒、羨慕，或對一個凡事成功的朋友遭遇到的小小挫折而有些幸災樂禍呢？

總是為別人的收穫感到高興並非易事。一個同事或友人得到了你一直想要的升遷機會，一個學校同窗嫁進富豪之家，或朋友去邀請別人一起度假等等事情，都會讓你心靈受傷，使你心生憎恨。你可能會任由這種不健康的感覺滋長，直到你的朋友遭遇到了某種失敗，你才會在一陣陰沈的快感後閃過一絲不安的遺憾。

偶爾對別人的成就感和好運萌生妒嫉之心乃是無可避免的，然而這種想法雖是人之常情，卻會傷害友情，並在你與他人之間築起一道緊張的牆。那麼，你該如何克服這種情緒呢？試著想想，如果將你和你朋友所處的境遇互換一下，你會希望你的朋友作出什麼反應或如何待你？然後，將己之所欲施之於人。記住，要擁有朋友，你得先當別人的朋友。

今天，我要對朋友好一些，並衷心和對方分享他所有的成就。

知 足

你不可能擁有全世界所有的東西。再說，你
要儲放在哪兒呢？

——史蒂芬・萊特

所謂貪，不光只是限於金錢而已，還包括想要擁有最大的房子、最拉風的車、最輕鬆且高薪的工作、結交最出名的朋友、買最好的音響設備，甚至要吃最好的大餐⋯⋯等等。可是，想想看一旦你擁有了一切：錢、華服、好車、傢俱、珠寶，任何物質上的享受，你的生活會是怎樣？你又會有什麼感覺？

大部份的人可能會說：「我會覺得棒極了！我有了所有我想要的東西。」然而，想想那些擁有千萬家財、事業成功的名流吧！你時常聽到有關他們的消息，像是離婚、官司纏身、遭人恐嚇或其他切身的問題等等。金錢滿足他們的欲望，卻不能滿足他們的需求——自尊、接納與愛。

試著在一張紙上列出你非物質性的需求，並圈選出對你而言最重要的一項。也許是和伴侶多親近一些、也許是改善親子間的關係，或是多多照顧自己的健康。然後，逐步去滿足這些需求，比如說多花些時間和另一半相處、接受教育諮詢輔導，或加入健身俱樂部等等。唯有滿足這方面的需求，才能帶給你金錢買不到的幸福與快樂。

樸實與永不饜足之間，我必須選擇其一做為我的生活態度。

接受自我

If you have the ability to love, love yourself first.

如果你有愛人的能力，請先愛自己。

——查理・布考斯基

接受自我，意謂著一個人接受自己的身份、外貌、舉止，以及在生命歷程中所處的位置，但這並非是件容易的事。人的自尊一如生命之流，也有高低起伏，不但會受到個人對自己的感覺所左右，也會被外界的評語所影響。

不過，最終還是以你對自己的感覺，來決定你的自尊高低與否。你每天早晨起床以後，是不是不論自己是什麼模樣，也不管他人說什麼，還是喜歡自己的長相？你是不是欣賞自己良好的品性？你是不是對自己所做的事以及處事方法都樂在其中呢？你是不是毫無保留地接受自己，即使其中有一些地方你想要有所改變？

就算你想要有所改變——掩飾一道傷痕或一個污點，讓自己變得更可愛，或者修正與他人的互動，這些特點都是你之所以是你的構成因素之一。健康的自尊是要接納優點，也接納缺點。

若要接受自我，先想想你不喜歡自己什麼地方。然後大聲地說：「即使我有許多缺點，我還是喜歡自己。」

不論我希望自己的生活有什麼變化，也不論其他人說什麼，我都要歡喜地接受自己。

種聖誕樹的夢想

It is precisely the possibility of realizing a dream that makes life interesting.

擁有實現夢想的機會讓人生變得有趣。

——保羅・科爾賀

有一個男人想要放棄高薪的工作去種聖誕樹。

他告訴他的朋友們這個夢想，他們問他這個行業可以賺多少錢？「很多，」他說，「等到一切都上軌道之後。」「嗯，那要等多久呢？」他們又問。「很多年，」他說。「首先我要買土地。然後我要準備肥料、播種，照顧樹木們直到它們長大。大概到我四十五歲的時候，第一棵樹就可以賣了。」他的朋友們睜大眼睛，不可思議地瞪著他，猛搖頭。他們不能明白，何以他要花這麼多的時間放縱自己去冒險？

在這個追求快速報償的時代文化中，你可能已經習慣在設立目標時要求立即的結果。當你決定節食、吃減肥藥，你便想要很快地減輕體重；當你想多賺點錢，你便要求加薪、賺外快；當你想要找人陪伴，你便與人上床。然而，並非所有的願望與夢想都能在轉瞬間獲得實現。有時候，能使你感到最幸福並且延續最久的，往往是最遙遠的夢想，是你覺得只可能發生在未來的那一部份。除非你從現在開始努力，這個夢想才有實現的可能。

你也有想要不顧一切，去種植聖誕樹的夢想嗎？在你踟躕的同時，切記時光已不饒人。

今天，我要思考如何實現夢想，並且為了使夢想成真，踏出圓夢的第一步。

運動

When you are balanced and when you listen
and attend to the needs of your body, mind, and
spirit, your natural beauty comes out.

當你處於平衡的狀態，當你傾聽及滿足身體、
心理及精神上的需求，你的自然美自會流露出
來。

──蘿莎・帕克斯

沒有痛苦就沒有收穫——這是一句經常在生活中被引用的一句話。就運動而言，它暗示著，當你在做運動時一點兒也不累，或是運動過後身體沒有痠痛的感覺，那麼，表示你一點兒也沒有得到運動的效果。

然而，現在有越來越多的運動醫學資料證實，肌肉的力量和痠痛之間沒有關係，因此，你可以在沒有肉體疼痛的副作用下，把自己鍛鍊得更強壯、更健康。如果運動讓你感到痛苦，那麼你只是在增加身體和心靈的壓力罷了。

不過，這麼多年以來，倒是有一項運動的金科玉律未曾改變，那就是享受運動帶來的樂趣。事實上，如果你對運動沒有一點期待，或是在運動時沒有經常帶著笑容，那麼，換一個運動項目會是一個不錯的主意。

運動有益健康，但是應該要在不會感受疼痛的狀況下運動，而且，必須是一個你能樂在其中的運動領域。

你要記住，運動的真義不在累垮自己，而是在讓自己感覺愉快。

今天，我要享受這個實際而又能激勵自我的運動計畫。

107

生命的顏色

生命是原料，而我們是藝術家。我們可以把
自己的存在，雕成美麗的藝術品，也可以把
它製成醜陋的作品。

——凱西·貝特

 每一天都是一個新的開始，不論昨天發生過什麼事情，或是以後將會如何，明天就像是一塊空白的畫布，你可以畫上任何你想要的畫面。

明天會是怎樣的一天呢？你可以畫一幅安詳輕鬆的圖、灰暗哀泣的圖，或是雜亂忙碌的圖。你可以草繪充滿機會和選擇的一天；也可以速寫充滿壓力和爭吵的一天。對於下一個二十四小時要怎麼過，決定權就在你的手上。

雖然其他的人、事、地會影響這一天，不過，除非你允許，否則它們不會毀壞你的作品。你也許會發現，因為一些突如其來的變動或壓力，使你做出偏離最初計畫的一些反應，但是，這並不代表你不能讓自己冷靜下來，重新過你原本想過的日子。

用視覺捕捉你今天的「畫面」，你將看到什麼色彩？你想畫上什麼內容？營造出什麼感覺？把這幅畫刻在心中，深呼吸，然後，就在今天實踐。

我要畫出一幅美麗的畫。今天，我要塗上令人平靜的色彩，而不是充滿壓力的顏色。

景 致

我一直如此忙碌，從來不曾真正端詳過上帝所
創造的萬物。我所錯失的，在多年以後，才深
知是無可彌補的遺憾。

　　　　　　　　　　　　　——愛麗絲·瓦克

你曾經花時間注意過大自然的奇景嗎？你認真觀察過雨後的彩虹、在飼料盒旁嬉戲的小鳥，或是皎潔銀輝的滿月嗎？你曾經放棄平常慣走的大路，而在樹林或小徑間，尋覓一條新的道路嗎？你又曾經允許自己在緊湊的日常生活裡，以某種方式會心地與大自然接觸——不管是早點起床到公園裡散步，凝視著日出慢慢地喚醒這座城市；或是安排週末假日到鄉下走一遭？

生活是如此繁忙，有這麼多地方要去，有這麼多事要做，使你忘了這個世界還有這麼美好的景致。但是，這些景致並不會自己送上門，你得花些時間去注意它們。

不論你多麼忙碌，你都可以放慢腳步，注意周遭的一切。午休時帶一份點心到戶外去吃吧！感覺一下陽光照在臉上的溫暖；仔細品嚐你口中的食物，你會讚歎它的美味可口把鞋子脫掉，感覺這草地的清涼。只要你肯花時間並開放你的心靈，你會注意到，這是一個全新的世界。

今天，我將會注意這長久以來一直存在，但卻被我忽略的自然美景。

111

life is beautiful

身體的聲音

Tension is a habit. Relaxing is a habit. Bad habits can be broken, good habits formed.

緊張是一種習慣,放鬆也是一種習慣。破除壞習慣,建立好習慣。

——威廉·詹姆斯

咬指甲、抽煙、酗酒、嗜吃、嘮叨、用手指頭敲打東西、來回踱步等，這些都是人們排解緊張的習慣動作，然而它們對消除緊張的效果卻十分有限。例如，多抽幾根煙並不能幫助你在期限內完成工作，而對小孩嘮叨也無益於緩和家庭紛爭。

日常生活中的緊張是滋養壞習慣的溫床。但是，如果你能夠及早發現緊張的早期徵兆，像是頭痛、消化不良、肩膀或背部的肌肉痠痛等，你便可依此作為警訊，調整你的生活步調或暫時休息一下。

現在，你的身體正傳達些什麼訊息給你？是輕鬆、自在？是疲憊、遲鈍？你是否覺得你的肌肉緊繃不適？靜下心來感覺自己的身體，有助於戒除你的壞習慣。藉著察覺自己的身體對緊張來臨時的反應，可以使你做好因應的安排。不要企圖藉著酒精或香煙來麻醉自己、欺騙自己。你可以去散散步、喝杯下午茶，或者閉上雙眼做個深呼吸。即使只是休息三分鐘，也能夠使你的身體釋放出緊張的情緒，重新獲得能量。

我要傾聽身體的聲音，在必要的時候放鬆自己，用好習慣來取代壞習慣。

重新點亮生命的燈

Today is life – the only life you are sure of. Make the most of today. Get interested in something. Shake yourself awake. Develop a hobby. Let the winds of enthusiasm sweep through you. Live today with gusto.

今天就是人生——你唯一可以確定的人生。充分利用今天，讓自己對某件事感興趣，把自己搖醒，發展一個嗜好，讓熱情席捲你，充滿幹勁地過今天。

——戴爾·卡內基

一盞燈泡的平均壽命為數千小時，所以可以持續發亮好幾個月。可是最後，它不免還是會有氣數散盡的時候。

人的光芒也是一點一滴地逐漸枯竭——失去對工作的熱情與活力、失去對某種主義的信仰、失去一段曾經投入的感情。當你得不到生活中想要或期望的東西，當你不知道如何去實現希望，或當你膠著在一個缺乏成就感的環境時，自己彷彿就像個快要壽終的燈泡般漸漸枯竭。

若要避免枯竭，就必須換上一個嶄新的燈泡。首先你要找出生活中每一個可能即將力竭的「燈泡」，然後檢視生活每一處可能會耗損你精力的環節，也許是你的工作不再像以前那麼深富挑戰性、回到學校進修也不再能激起你的興趣，或是你與情人的感情不如以往般甜蜜。最後，你再自問：「用什麼方式可以使我再度恢復活力？」一個簡單的動作，例如企畫一個新案子、參加讀書會，或是和情人吃一頓燭光晚餐，也許就可以重新點亮生命的燈。

今天，我要想想有什麼方法可以重新燃起我對生命的熱愛。

認同自己

奉承我，我可能不相信你。批評我，我可能不喜歡你。忽視我，我可能不原諒你。鼓勵我，我不會忘了你。

——威廉・亞瑟・瓦得

如果每一回都有人對你說：「你做得很好」、「你是個好搭檔」、「你是每個人最好的朋友」，那當然很好。但是你不可能靠接受別人對你的注目或讚美來過日子。事實上，等待甚至依賴他人鼓勵的話語，只是徒然浪費你的時間而已。

獲得別人的認同是你努力的目的，而沒有獲得認同將會使你藐視或否定自己的努力？或許你會這樣想：「看吧，一定是我沒把這件事做好，否則她會有所表示的。」但是如果你能養成鼓勵自己的習慣，你便能提供自己應得的認同感。然後，你就會覺得你自己、你處理的事以及你所做的決定都很好，而當別人稱讚你的時候，讚美的話就變成是一種額外的收穫了。

只要你完成了一項工作——無論是像一份年度市場計畫那樣複雜，或者像烤餅乾那樣單純——就都可以這樣告訴自己：「這項工作順利完成了。」接著，指出你在這項工作中特別喜歡的部份，並以肯定自己的心態來犒賞自己。

今天，我因為我所做的工作而相信自己是個重要人物，不論別人說什麼或不說什麼。

經驗

Unless you try to do something beyond what you have already mastered, you will never grow.

除非嘗試你已經熟練以外的事，你絕不會成長。

——拉爾夫·沃爾多·愛默生

一個小男孩每樣東西都想要最大的，因為他認為最大的往往就是最好的。有一次朋友邀請他到家裡吃晚餐。他先是夾了一塊最大塊的肉，卻發現它又生又可怕。他再揀起一片最大片的烤馬鈴薯，卻發現它中間還沒熟透。最後他抓了一塊最大塊的巧克力蛋糕，可是發現它不但苦還帶著一股霉味。

多少次你期待著某些事的發生，結果卻發現它的發展與你所預期的不盡相同：也許讓你轉換到其他部門，卻一點兒也不能激發你對工作的新熱忱：也許經營一個家比你想像中更費力耗神；又或者你的碩士學位不像你所想的那樣能使你提升賺錢的能力。

你對那些令你失望或者未能達到你預期之事所做出的反應，顯示出你對於預期與實際間落差的適應力。今天，你可從這樣的經驗中記取教訓。一旦你知道那些已成事實的事物不如你原本的預期，甚至不符合你的需求，你不如就此調適你的想望和方向，或者你也可以從以往所累積的經驗中，繼續探索，如此你就能夠找出你真正需要的東西。

今天，我將利用經驗，來檢視自己是否已找到心中想望，並評估是否還需繼續尋找。

決定

Man lives between two thieves - the regret of yesterday
and the fear of tomorrow.

人活在兩個竊賊之間——對昨天的後悔,及對明天
的恐懼。

——班傑明·迪斯雷利

你是否曾經想過：「是不是只有親身去經歷，才能知道現在的結果？」想像如果你在當時便知道現在的狀況，你會如何安排今天以前的歲月？今天，你也許會想：「如果當初我不是最佳運動員、模範生或者是班上最受歡迎的人，那又如何？我還是可以過得很好。」

或者想想，如果多年前你能夠用今天的認知來幫助自己做決定，今天的你又將有什麼樣的際遇？你當時仍會想這麼早結婚嗎？你會選擇繼續升學而非就業嗎？你會選擇另一種行業嗎？

今天，你無須對昨天的決定懊悔、失望。

雖然過去的不再回頭，你依然有力量可以改變未來的生活。你可以回到學校繼續進修、度一個你一直夢想的假期，或者嘗試某種你以前從來沒做過的事情。即使時間不停地往前走，你還是可以決定你未來的方向。

有些事情我想做，以前卻沒有機會做。今天，我要把握機會，好好地享受這第一次。

表達

The truth is: Belonging starts with self-acceptance. Your level of belonging, in fact, can never be greater than your level of self-acceptance, because believing that you're enough is what gives you the courage to be authentic, vulnerable and imperfect.

其實，歸屬感始於接受自己，你感到有所歸屬的程度，絕不會超過你接受自己的程度，因為相信自己夠好能帶給你勇氣，展現真實、脆弱及不完美的一面。

——布芮尼・布朗

前美國總統的亞伯拉罕‧林肯，在當時面臨了北與南、黑與白、奴隸擁有者與解放者之間的分歧與對峙。他那篇簡短有力的蓋耶堡演說中的論點雖未被廣泛而普通地接受，卻是他堅信不疑的信念。

你喜歡與人分享你的信念嗎？也許你只在意見與其他人相同時才會開口；也許你的意見表達得很快，可是當有人反對時，你改口或緩和語氣的速度也是一樣的快；也許你相當自豪做一個沒有聲音、喜歡聽人發表高見的人；也或許你因為太在意別人的看法，以至於不敢表達自己的意見。

表達真實的想法是一種呈現自我的舉動。你可能會將自己的弱點暴露出來，而遭人攻擊、質疑以及評判。然而，與人分享你的信念與感想，也可以為你贏得他人的尊敬與關心，為你帶來滿足感。

表達想法是一種開放胸襟的表現，拒絕再關閉心扉、躲躲藏藏；這是一種坦誠的自信，而非不能面對的恐懼。自在、堅定且無懼地表達你的信念，目的只為取悅自己而非他人。

今天，與其表現得馴弱、謙虛或靜默，不如明白表示自己的立場。

好消息

一早起來看報，第一個看的應該是體育版，因為談的是人類的成功面，而其他的版面談的卻是人類的失敗面與種種問題。

——麥哥·密肯

當一天的序幕拉開，你的腦海裡是否就因為閱覽網路新聞而充斥著車禍、謀殺、傷害、破壞、犯罪或金錢糾紛？在目睹這麼多種人世間的傷害與黑暗之後，這一天其餘的時光，你恐怕很難再擁有積極向上的心態。

可是如果今天你讀到的、聽到的都是令人振奮的好消息呢？也許是一隻心愛的小狗，在失蹤一星期後平安健康地回來；也許是一個走失的小孩和父母再度團聚；也許是一個見義勇為的人幫一對老夫婦把錢從搶匪手中奪回；或者可能是一只安全氣囊拯救一個人的性命。這些消息對你今天的生活難道不會有正面的影響嗎？

雖然你無法完全仰賴媒體得到令人快樂滿足的好消息，可是你卻可以自己「關掉」壞消息的傳送頻道，然後「打開」好消息的接收頻道。翻翻具有趣味性的雜誌、讀讀你所景仰的人物傳記、聽聽只有娛樂功能或教育意義的話題，或看看報紙上的體育版吧！

今天，我要強化自己積極向上的態度，尋求發生在我生活周遭的好消息。

打開心靈之窗

不論你明白與否，世間並無界限，可是唯有在
你明白以後，你才能真正地開發無限。只有心
靈拘束的人，才會畫地自限。

——約翰・戴多・盧瑞

你如何處理壓力？是控制它或發洩它，是忐忑不安或將它帶到下一個工作中，是拖延它或儘快解決它？你的個性決定了你處理困境的方式，以及你是否會徒增壓力或者能夠調適自己、減輕壓力。如果你畫地自限，拘束自己，那麼你將會在追求順當的人生過程中平添困擾，如果你能夠追求無限，那麼你不僅可以減輕壓力，也能夠直接地回應困難、處理困難。

學習改變自己的個性，將能幫助你有效解決問題。為了達到這一點，不妨試著在一張紙上寫下你對生活中感到最有壓力的三個處境。想想自己平時如何針對這些情況作出反應。然後，再想想還有什麼比較創新合適的處理方式。

在腦海中模擬自己採取一些新方法的景況，以便讓自己更加習慣這些新的作法。一旦你準備好了，改變也就會真的應運而生。打開心靈的窗，好好深呼吸、透透氣，讓一成不變的生活形態，找到煥然一新的催化劑。

今天，我要想像自己用一個全新的方式面對困境。這將幫助我在未來做出正確的反應。

保 持 彈 性

Establishing goals is all right if you don't let them deprive you of interesting detours.

建立自己的目標無可厚非，要注意的只是，你不會
因此被剝奪了繞行有趣小路的權利。

——道格・拉森

如果你問我：忽略自己立下的目標，而花些時間去享受與目標無關的活動，將會如何呢？不要為了文憑而只專注於學校的課業，也不要為了送小孩上大學而兼差到晝夜不分。換個心情，只是隨意地去挑選你想看的電影，或者想想明天要穿什麼衣服。

立定目標是件好事，因為你可以藉此明白自己的需要，並滿足它；可是若以達到目標為生活唯一的導向，那麼將使每一件事都圍著目標打轉，每一項工作都以完成目標為依歸。如此，你最終將會生活在一個又一個的目標中，凡事只看結果，而忽略了圓滿的生活需要經歷每一天的新鮮與驚奇。

因此，目標雖好，切莫成為生活中的唯一。為了不讓生活中失去美妙、有趣、刺激而且富挑戰性的冒險經驗，今天，你可以去做一件和目標無關的事情——讀一本愛情小說，探索一條新的慢跑路線，或在去圖書館的途中餵公園裡的鳥。保持自然，保持彈性。朝著目標前進固然值得鼓勵，但是何妨在到達目的地之前，走一小段岔路呢！

今天，我將決定自己是否要朝著目標筆直前進，或走一段有好風景的岔路。

解脫

Holding on to anger, resentment and hurt only gives you tense muscles, a headache and a sore jaw from clenching your teeth. Forgiveness gives you back the laughter and the lightness in your life.

心存憤怒、怨恨及悲痛只會讓你肌肉緊繃、頭痛以及咬牙切齒而下巴酸疼，原諒才能使笑聲及輕鬆愉快回到你的生活裡。

——瓊・朗登

過去的意外若仍引起今日的憤怒，那麼你將無法擁有健康快樂的生活。在已結束的婚姻或逝去的情愛關係中造成的傷害，可以阻礙你今日擁有溫暖愛情的決心；暴怒、酗酒的雙親即使如今已不再喝酒，你可能也不願意和他們親近。

如何根除源自過往的憤怒，繼續眼前的生活呢？首先，承認自己的憤怒，通常是回應在你經歷創傷的當時所不曾表達出來的感受。正由於你不曾表達，所以這些感受至今仍「活在」你心中，並茁壯成你今日的憤怒。

然後，填寫下面的句子來消除你的憤怒：「我在○○時候覺得很生氣，而且我到現在還是很生氣。」當你回顧過往的日子，你可能會有傷害、焦慮、恐懼，甚至悲傷的感覺。這些反應是正常的，而且就和過去的憤怒一樣，應該被知曉，而非被壓抑。一旦你表達出了自己過去受傷的情感，你也就能夠真正的走出過往的陰霾，不再帶著憤怒生活。

今天，我要藉著回憶過去受傷害的感覺，來揭棄今日的憤慨。

131

輕鬆過日子

認真地對待工作，輕鬆地對待自己。

——C・W・馬特凱夫

你是否期望一年三百六十五天，天天事事順利？在任何的工作、人際關係或生活情境中，難免會有騷亂不安的時候。與其想要去修補每件事、改變每個人，不如學會「放輕鬆」，就讓事情順其自然的發展。

若要達到這種境界，首先不要再執著於日常瑣事上，而是多花些心思在生活中真正重要的事情上頭——像是和關愛的人維繫感情。把精神放在更有意義的事情上，不去在意芝麻小事，你就能夠開始體會到生命的美好。

另外一個方法，就是對切身的問題培養健康的眼光。自問：「這件事會困擾我很久嗎？」今日的小混亂比起真正的「大危難」來說，常常顯得微不足道。

「就算從現在開始每天都會塞車，也不會對我的生活有所影響。」這麼想，你將會明白生命如此短暫，其實無法事事都嚴肅以對。畢竟，世上之事不可能完全盡如人意。

今天，我要將焦點集中在真正重要的事情上頭，對其他的事則抱持「輕鬆」的態度。

活得更好

I like trees because they seem more resigned to the way they have to live than other things do.

我喜歡樹，因為它們似乎比萬事萬物都還要來得順應自然。

——薇拉・凱瑟

就算土壤變得乾涸，所含的礦物質不再豐富，生長其中的樹木也不能就此拔起樹根，遷移到一個比較好的環境，相反地，它一面將根向下扎得更深更廣，以找尋並汲取更多、更豐沃的營養物質；一方面藉由樹上掉落的葉子與枯枝再度分解的養分，使得周遭的土壤更加營養肥沃。

一個能夠有效抒解生活壓力的人，就像是一棵根深蒂固的樹木。你可以不必依靠他人或是依賴生活中的其他人事，便能維持自己的健康，自己照顧好自己。就算有困難或壓力產生，你也能擁有足夠的能力去面對它們。

如果你是一棵樹，不論你是要選擇生長在一座森林中，周遭環繞著強而有力的支援；或是選擇獨立生存，你都應該有應付變化的韌性。

記住，樹木藉著適應周遭的環境而維護著自尊。你也是如此。

為了活得更好，不管身處的環境如何變化萬千而不可測，我都要做出最正確的回應。

建設性的溝通

Act nothing in a furious passion. It's putting to sea in a storm.

在激憤中無法成事，因為猶如處在暴風環伺的海洋中，動彈不得。

——湯姆斯・富勒

想像你在吹一只氣球。當氣球越漲越大，可是你仍舊一直把氣灌進去，最後氣球會因為充氣過量而砰地一聲爆裂開來。

無法遏制的怒氣就像一只漲破的氣球，是經年累月忍氣吞聲之下的結果。囚禁已久的怒意一旦爆發，常常指向無辜的受害者，而非那個真正的壓力根源。譬如說，你可能因為自己的工作績效不彰，而指責你的下屬；或者你可能會向自己的孩子咆哮，可是你真正不滿的卻是你的另一半。

表達出你的感覺雖然很重要，但在發脾氣以前「三思而後行」更是事關重大。在你發洩憤怒之前，留心一下誰將成為你的出氣筒，看看是不是那個真正惹你生氣的人。因為自己的過失而責怪他人，或者隨意遷怒，對撫平怒氣或找出生氣的原因並無幫助。

唯有找到製造憤怒的根源，生氣才會是一種明確而有建設性的溝通。

快要被憤怒淹沒時，我要先找出原因，然後在不傷及無辜的原則下，表達出我的憤怒。

感謝愛

As we express our gratitude, we must never
forget that the highest appreciation is not to utter
words, but to live by them.

當我們表達感謝時，我們絕不能忘記，感恩的
最高形式不是說出的話，而是實際的做為。

——約翰・甘迺迪

在今日，很少有工作不是靠眾人通力合作完成的。即使你是個個人工作者，你也得依靠許多人，才能夠使事業順利推展，像是郵遞服務、影印人員、工讀生或給予你精神及財務支援的親朋好友。

然而，你是如何向那些支持你的人表達感謝之意的呢？通常，你也許因為工作太忙或工作量太大，而使得你無暇與同事、親友坐下來好好地聯絡聯絡感情，甚至於你安排與客戶會面的時間可能都多過與家人、朋友共聚的時間，你因公出差的機會恐怕也要比與家人同遊的機會還多得多。

今天，多花些時間對那些一直在幫助你、尊重你且關愛你的人，表達你的感謝之意吧！

寄一張卡片給朋友，或拿起電話和你的朋友們打聲招呼，或者帶你的家人出去打打牙祭，讓那些珍視你的人知道他們對你而言也同樣地重要。

今天，我要花一些時間去注意自己如何對待時常往來的人。

愛與成長

我認為人們會愛上某人，是因為有些地方可以以對方為師。這場愛的課程，學習起來有時艱辛，有時安全可靠、充滿情意。

——瑪麗·布萊蒂緒

愛情並非總是這麼容易駕馭。有時候愛情使你堅強果決；有時愛情卻令你脆弱無助。愛情既可創造信賴誠實的氛圍，也能帶來猜忌與懷疑。

你可以祈求隨著愛情而來的是安全、溫暖與坦誠，同時阻絕焦慮、猶疑、憤怒與對立的可能。然而，最重要的一點是，愛情和生活一樣，可以使你成長。

當愛情遠離，獨留受創的你時，你可以選擇悲傷，讓心靈隨之枯死；你也可以選擇保持冷靜沈著，捫心自問：「此時此刻的我，可以得到什麼樣的教訓與成長？」

雖然愛的形式與時俱變，愛的本質卻是歷久不衰。愛恆常存在於你的左右，不拘形式。愛情的來去，有如日出日落，也許眼下的環境晦窒不明，但它總有撥雲見日的時候。

今天，我將明白歌舞昇平的時代有愛，烽火連天的時代也有愛。

脫離痛苦

People who agonize don't act. People who act don't agonize.

痛苦的人不採取行動，採取行動的人不痛苦。

——皮爾・索瓦格

我們都曾有過痛苦的心情、有害的關係或者會折磨人神經末梢的回憶，這些不一定會囚禁你，使你無法動彈。然而，大部份的人卻鮮少讓他們情緒上的痛苦儘快成為過去。

你是你自己痛苦的受害者嗎？如果你經常看著自己的痛苦，發現自己很難去談論它，或者很難阻止它長久延續下去，你便是痛苦的受害者。例如，當你在舞會裡很不自在，你要留下還是離開？當你已有其他的計畫，你的老闆卻要你加班，你會答應還是拒絕？

當你對痛苦有所執迷的時候，你將會自願地傾向於滯留在痛苦當中，並且繼續去感受痛苦。不過，你也可以選擇採取行動，拔除自己的痛苦。與其待在不自在的情境下，不如離開；向老闆解釋你另有計畫，就可以讓自己不用加班；試著積極地面對，而不是消極地徵詢他人的意見。

你不必再感到痛苦，除非你自己願意。這端視你是要做出令自己痛苦的事，還是令自己快樂的事。

今天，我將選擇參與有幫助的、積極的，而且可以提升自我的活動。

life is beautiful

指揮

For peace of mind, we need to resign as general manager of the universe.

心靈平和，莫做宇宙之主宰。

——拉瑞・愛森柏格

你是否自認是人生舞台上的導演，努力地去監督、管理、委派和指揮你周遭人的一舉一動？也許你正有心或無意地控制著你的朋友、同事、小孩或另一半，希望他們按照你所勾勒的腳本走位甚至正式演出。

但是，「控制他人」和「一切在你的控制之中」這兩者之間是有差別的。當你在控制他人時，你要他們用你的方式、在你想要的時間，做你想要他們做的事。然而，一切在掌控之中，則是指你不需指揮他人，便能達到預設的目的。當你感覺一切都在控制之中的時候，你願意尊重他人的意願，而不會一意孤行地去指揮他人。

與其指揮他人，毋寧管理自己。首先，要對自己直覺想去控制別人的傾向有所察覺。然後，徹底思考怎麼做才能對你最有好處，捫心自問：「我想要什麼？我要如何達到目的？」藉由專心思考來使自己達成預定目標，而不是倚靠別人來幫你完成，如此你便能在自己的生命中扮演主要的角色，而非指揮他人的導演。

每個人的生命舞台均有交疊的時候。每一個人，就和我一樣，有著自己的舞台與方向。

壓 力

The greatest weapon against stress is our ability to choose one thought over another.

對抗壓力最強大的武器，是我們選擇思想的能力。

——威廉・詹姆斯

你不必是一個集團總裁、百老匯的女演員、腦科醫生、立法委員或總統候選人，才能體會壓力的苦澀滋味。

每天，你都會覺得有股莫名的壓力，強迫你去適應甚至屈就某些事情：討好雙親、家人、朋友；或是被迫於遵守團體、委員會或公司的政策。在喘不過氣的同時，你可以仔細想想，自己是如何讓他人來決定你的行為思想；你害怕別人不喜歡你、不贊成你的行事風格嗎？你穿著得體嗎？你會覺得表達非主流的意見很困難嗎？順從他人的壓力，意謂著你向他人的意願屈服，而沒有面對真實的自我。當這種情形發生的時候，你變成一個集合眾人影子的拼圖玩具，而不再是你自己了。

下回，當你發現自己掙扎於他人的期待與自己的意願時，不妨告訴自己：「我是一個完整的個體，我擁有不被操控的自主權。」牢記此心念，則不論你的決定為何，都不會令你感覺不快，因為它是你自己的抉擇。

不卑不亢地依照自己的意念而活，即意謂著替自己著想，不讓他人的壓力加諸己身。

拒絕

擁有強烈自我的人必須為自己的行為負責。
不管我們是否有動機，或動機為何，我們的
所作所為都代表我們自己。

——珍妮特・傑瑞爵・渥迪茲

如果你開始對他人的要求說「不」，將會發生什麼事呢？你會有什麼感覺？猶豫到底要不要管？放手讓他人去管更使你感到焦慮不安？害怕失去他人的愛與認同？或是放開心胸接受批評？

如果你總覺得自己有必要滿足他人的要求，那麼拒絕他人對你而言便會十分地困難。然而，你又心知肚明你不可能同時滿足所有的人。那麼，你要如何在能力範圍之內照自己的意思幫助他人呢？

想想看，如果你不把所有的時間都給了要求你的人，可能會發生什麼事：也許那些人將學會如何擔負責任，或是因此願意自己做決定；也許你學會如何心安理得地先照顧自己的需要；也許那些要求你的人會犯錯，卻也同時能從錯誤中學習及成長。

注意這些正面的結果，將使你在做決定時更有支持的力量。

今天，我要練習對一個我特別不容易拒絕的人說不。這能使我保護自己的最佳利益。

熱 愛 工 作

I don't like work, but I like what is in work - the chance to find yourself.

我不喜歡工作，我喜歡的是置身工作中──發現自我的感覺。

——喬瑟夫・康瑞德

人們只有在對自己正在做的事感到勝任愉快、游刃有餘，而且獲得周遭友人認可其價值的時候，才能使你樂在其中，盡其在我。一個充斥著挑剔、中傷、責備的工作環境，會讓你覺得沮喪無力、孤立無援。

你對工作的定義及冀求，不是高薪、不是進入權力核心、也不是聲望名氣，而是一份高昂的自尊。當你滿意自我、滿意你所做的工作時，那麼信心與創意便會源源而來。而當你充滿自信與創造力，你便能更進一步了解自我，並為成長、為發現自我而作出改變。可是，如果你的工作環境在貶低你的價值，你要如何維繫自尊呢？此時，與其尋求他人的接受與認可，不如著重於自己的成就，為個人的價值而努力。雖然你無法控制他人對你的觀感，可是你可控制自己的成就以及你忠於理想的執著。

努力提升自我的價值，讓工作的成就感為你的自尊加分，讓他人的肯定為你的生活增光。熱愛工作，你就能熱愛自己。

今天，我要創造一個可以使我成長茁壯、強化自我尊嚴的環境。

151

扎 根

Today I will do what others won't, so tomorrow I can accomplish what others can't.

今天我願意做別人不願做的事，因此明天我可以達到別人達不成的事。

——傑瑞・萊斯

從前，有一個老農夫站在田埂上，望著春雨滋潤著他的旱苗。一位經過此地詢問方向的車主說，農夫能看到春雨浸潤農田，一定很開心。

但是，農夫出乎意料地搖搖頭，因為這些農作物的根尚未深入泥土中，一場暴雨就可能摧毀所有的收成。所以，一開始太舒適並不是件好事，植物需要扎根於泥土之中，才能獲取水份和養份，在茁壯的同時，並能抵擋狂風暴雨。

你可能和一般人一樣，會喜歡過著安逸的生活。但是請你回想一下過去那段艱辛的日子——也許是艱苦的童年、破裂的關係或是失業的日子，如果沒有它們，你今天會如此堅強而有韌性嗎？

今天，如果你碰到了一個難題，同時又有輕易解決的辦法，請不要因此而沾沾自喜。試想，這段經驗給了你什麼樣的啟示？你要如何從中獲益，才能使自己茁壯成長？把吃苦當吃補，歷練自己面對挫折危難的應變能力，在潛移默化中學習成長。

今天，我要記住能使我成長的日子，不是生命中的安逸時光，而是那些艱苦的生活。

發 揮 才 能

Use what talents you possess: The woods would be very silent if no birds sang there except those that sang best.

發揮你的才能：若只有聲音最悅耳的鳥兒在歌唱，這樹林將無天籟可言。

——亨利‧戴克

當你失去信心的時候，很容易懷疑自己的天份到底在哪裡，結果會降低你去發掘自己長處的意願。而且，你可能會告訴自己，如果我不能做得比他還要好，那我根本連試都不必去試。

像這樣子挑剔的言論，會很奇異地使你在尚未嘗試去做某事之前，便信心大失。它們也會傷害或破壞你的創造力和天份，使你甚至不願去嘗試新事物。你會這麼想：「畢竟，我永遠也沒法子做得那麼好。」

但是，你怎麼知道你不會做得更好呢？

能否出名或是成功其實並不重要，重要的是憑藉著你的天份、決心和努力，你給了自己一個成就某件事情的機會。

為了發掘出你的天份，你可以報名參加成人教育課程或激發潛能的課程。除非一試，否則，你永遠也不會知道你的能力可以到什麼程度。

為了發掘出天份才能，我不會因別人的想法而卻步。我對我所能做的事充滿好奇心。

行動

行動不一定會帶來幸福，可是若不行動就絕無幸福的可能。

——班傑明·迪斯瑞利

 祈求困境自動遠離並無助於解決問題，而逃避、排斥或拒絕接受問題的存在也一樣於事無補。雖說拖延著不去做任何令人痛苦或困難的事是人之常情，然而延宕只會使問題更加地惡化。處理問題最有效的方法就是去面對它。與人達成共識、在事情膠著的時候請求幫助，或適時地表達自己的情感，將有助於你順利推展你的工作，而不是永遠只停留在嘗試的階段。

然而，知道自己要面對什麼情境和真正去面對它是兩碼子事。要輕鬆順利地進入面對問題的階段，一個方法是在日記中記下這整件事，利用寫日記來探索困境的成因。在你完成記錄之後，想想看在解決這個問題時你應該採取些什麼步驟。按捺住自己的不安和焦躁，先冷靜地思索解決之道。

藉著記錄自己的感覺以及在內心裡將整個事件透徹地剖析一遍，你便能帶著較少的焦慮和較多的信心，去面對在生活中困擾著你的問題。

今天，我要集中精神在其中的一個難題上，認真的思考解決之道。

157

肯定自己

To know oneself, one should assert oneself.

一個人若要認清自己，就應該先肯定自己。

——阿爾貝·卡繆

在某些狀況下，幾乎每一個人都能夠表現出他的主見——告訴服務生你的牛排要半熟，或者要求某人加快腳步才趕得上電影。但卻極少有人能夠在每一種狀況下都有主見。由於人們常把有主見和剛愎、頑固、自私或沒耐心等性格特徵畫上等號，所以太常要求自己不要過於武斷。

如果你發現在任何或大多的狀況下表現得有主見非常困難，你可能是認為你沒有立場表達自己的感情、信念或意見。事實上，甚至你可能自覺或不自覺地否認你和他人處於平等的地位或和他人一樣重要。

所以，要把這樣消極的行為改變成肯定的行動，第一步便是要在「安全狀況」下較為主動的發言，即向熟悉的人提出第二種建議活動。例如，你可以對一個朋友說：「我今晚不想看電影，我寧願去喝杯咖啡。」或者你可以告訴你的父母：「我不會整個春節都待在家裡；我計畫到別的地方去拜訪朋友。」只要你在安全狀況下挺身而出又不覺得為難，當你面對完全不認識你的人或者對你很重要的場合時，你就能變得比較有主見了。

今天，我會針對我的需要提出要求。我能肯定自己，而不僅是順應別人的想法。

life is beautiful

挑 戰

For the things we have to learn before we can do them,
we learn by doing them.

我們必須學著去做的，是藉著實踐來學習。

——亞里斯多德

 懷特・艾森豪小的時候常常與哥哥及母親玩紙牌。有一天晚上,小懷特抱怨他分配到了一手壞牌。他的母親告訴他:「這只不過是個牌局——而且你待在充滿愛的家裡。等你長大離開家並且進入坎坷的社會,你會碰到更多運氣不好的事。到時候你該怎麼辦呢?抱怨嗎?如果你勇敢而明確地讓牌離手,你的夢想將會成功。」

以你所擁有的資源全力一搏,將使你對自己有全新的領悟。就在你認為這一組牌對你不利,而又沒有其他路可走的時候,你或許仍然可以把它安排成一個致勝的組合。想想那些勝算似乎與你無緣的時刻:你可能得在限定的時間內完成一項工作、帳單堆疊如山但存款已然用盡,或者面臨一項困難的抉擇。

你要如何熬過這些艱困的時光呢?雖然不一定可以抽到一張好牌以解決你部份的困難,不過,問題之所以能夠迎刃而解,並非全靠運氣。勇敢地出牌,表示你相信每輸掉一副牌,後面就會跟著一副勝利的牌。

今天,我會看看分配到手的牌,並且把這手牌看成一項挑戰,以全新的方法出牌。

危機與轉機

to have a crisis, and act upon it, is one thing. To
dwell in perpetual crisis is another.

遭遇危機而採取行動是一回事；處於長期的危
機又是另一回事。

——芭芭拉・葛麗茲蒂・哈里森

每一次危機都各有其負面和正面的價值。比如說，有時候危機似乎大到很難去克服或掌控，因此，你寧可不去解決，而只是手足無措地深陷泥沼當中，這即是危機的負面影響。

而危機正面的意義則是，它可以催促你走出因恐懼所造成的停滯不前，並且激發你採取行動。然後，當你看見自己確實能度過艱困的時光，你便會試著相信，即使是最困難的事，你也能坦然面對。

此外，危機也能提供給你未知的機會以及改變和成長的契機。只要認清危機即是某種能提供你正面挑戰的轉機，你就會開始學著對每一次新的危機做出迅速且有效的反應。

解決任何危機的最好辦法，就是用理性戰勝非理性。告訴自己：「不論這件事看起來有多麼糟，我知道我一定能解決它。」然後，至少為這個問題想出三個解決方案，選出其中之一，並付諸行動！

今天，我將平靜且敏銳地面對任何危機，並且勇敢地接受其他的挑戰。

計畫

與其擔憂尚未發生的狀況，不如將憂慮變成
一種前瞻性的思想與具體性的規畫。

——溫斯頓・邱吉爾

你是否曾發現自己的思考模式總是以眾所熟知的杞人憂天法「如果……怎麼辦」來展開的？「如果我沒有升官怎麼辦？」「如果我在商店關門以前到不了怎麼辦？」

擔憂尚未發生的事情，不但使你的心情不得安寧，還會讓你把大量的精力浪費在那些你無法控制的事情上。

與其因擔憂而徒增壓力，不如思考出理性的解決之道，來回應那些你自己提出並煩惱不已的**如果**。譬如說，與其煩惱你的車子是不是可以準時交車，不如去思考如果真的不能交車時你應該怎麼辦。你可以事先列出一些解決方案，比如說先打電話到服務中心去確認交車時間，或者另外安排其他的替代方案……等等。

換句話說，與其呆坐著去擔憂那些不見得會發生的狀況，不如積極地先為每種狀況規畫好解決方針。藉著把憂慮變成計畫，你便能找到解決的方法，並且避開一道道棘手的問題。

煩惱於事無補，規畫卻有助益。今天，我要對未來有所計畫，而非一味的擔心。

遷 怒

Speaking without thinking is like shooting without taking aim.

口不擇言猶如不對準目標的射擊。

——西班牙諺語

你在壓力過大的情況下，是否會攻擊周圍的人？雖然你直覺想要發洩滿腔的憤怒或挫折的情緒，然而遷怒他人卻只會使情況更糟，心情更壞。諸如此類的氣話像是：「你一點用處都沒有。」「跟你說話真是浪費時間。」或「我要說幾次你才會懂？」這些都是會損及你人際關係的強力炸藥。

低潮的日子不一定會導致人際關係的惡化。在你不假思索地爆發怒氣之前，先認清自己的憤怒、傷害與沮喪，並找出根源。或者，如果你不知道自己的情緒從何而來，這麼告訴自己：「我真的很難過，可是這一切都不是我引起的。」藉由自主的思維，來安撫脫軌的心情。

然後小睡一會兒、讀讀書、聽聽音樂、散散步。花一點時間安靜地休息、運動，或從事任何可以消除攻擊性情緒的活動，使自己能夠客觀地評量自己的感覺，不受尖銳的負面情緒所影響。

掌握自己的情緒，做自己情緒的主人，才能把自己從低潮的泥沼中拉拔出來。

先和自己溝通。我希望別人是真心誠意地聽我訴說，而不只是為了要讓我發洩情緒。

life is beautiful

學習生活

Golf without bunkers and hazards would be tame and monotonous. So would life.

沒有沙坑或水窪的高爾夫球場，單調且平板無趣。
生活亦是如此。

——伯蒂·查爾斯·富比士

 如果凡事皆有快樂的結局，任何人際關係皆完美適意，而事情的發展也盡如人意，那麼生活將會是什麼樣子？

希望生活毫無障礙與壓力，一如在一個沒有沙坑、水窪、樹木或高難度洞口的高爾夫球場打球一般。一時間也許你能夠恣意享受打球的樂趣，可是長此以往，你卻會因為缺乏挑戰，而失去磨練更高技巧的機會。

要求生活，甚至是每天的生活，沒有困難、壓力是不可能的。有些日子平順快樂，有些日子則痛苦難捱。可是不管是什麼樣的日子，每一天都對你的成長茁壯極其重要。

與其祈求生活平安無事，不如學習以生活為師。自問：「我可以從今天發生的事中學到什麼？」將每一個困難的沙坑、水窪及每一次的一桿進洞，都當作是你每日必須修鍊的課題，讓生活中的酸甜苦辣，豐富你的多采人生。

不論逆境或順境，我都將依其自身的規律而發展。與其祈禱挫折離去，不如從中學習。

妥協

A compromise is the art of dividing a cake in such a way that everyone believes he has the biggest piece.

妥協其實是種分蛋糕一般的藝術;大家都相信自己拿到的是最大塊的蛋糕。

——路德維希·艾哈德

生活的煩惱似乎總是一個一個接踵而來，使你覺得自己一直處在不斷地奮戰與失敗當中。因此，你可能也會不自覺地在自己與他人之間，埋下挑起未來爭執的導火線，不僅強加自己的意志於他人身上，拒絕傾聽他人的看法，並且排除與他人通力合作的可能。

不過，這麼做只會使問題加劇。解決人與人之間爭執的唯一方法，不是和對方爭戰不休，而是表現出你尋求和平共處的意願。

妥協便是達成停戰協定的途徑之一。在這種情況下，理想的作法是兩邊皆揭露自己的底線及立場，然後每個人都做出讓步，以便求得一個折衷的協議。

走向和平妥協之路，必須以控制個人情緒為起點。先從自己開始，然後請對方也這麼做。你可以這麼告訴對方：「我知道你很生氣，我也是。可是如果要解決問題，我們就得討論其他的解決方法。只要你願意，我隨時都可以和你談一談。」每個人都得退一步，使他人有利可圖，滿意的結果方可達成。

如果妥協勢在必行，我願傾聽他人的想法。不打岔，並且努力地去了解對方的觀點。

習慣性反應

生活像一輛十段變速的腳踏車。其中一些齒輪，大多數人都不曾使用過。

—— 查爾斯·胥茲

你時常會對某個特定的情境作出類似的行為反應。你不會因每一個單獨的狀況修正或調整你的反應，而只是每一次都選擇同樣的行為模式。如此，將使你侷限在一個效果不彰的做事方法中。

不論你是否明白，你的反應是可以自行控制的。從今天開始，你可以學著去改變，跳脫墨守成規的反應模式。每回你遭遇到一個新的狀況時，不妨停下來自問：「在這種情況下最好的反應是什麼？」

在你做出分析之後，再問：「我的改變改善了這個狀況，或是阻礙了它？用一到十分來評價，我的反應可以得到幾分？」然後，再想：「最好的反應是什麼呢？」

藉著察覺自己處理事情的習慣性反應，你可以學習像一個腳踏車騎士一般，試著去使用各段變速，以便明白在各種狀況下，哪一種速度最好。如此你將會發現，新的反應模式或許可以帶來更好的結果。

我要學習修正自己的反應模式。如此，才能最有效的去處理生命中的各種情境。

信 賴

一個充滿焦慮的生命，猶如一具缺了油而嘎嘎
作響的機器。而在人的生活中，信賴就是油。

——亨利・渥德・畢傑

你的生活是否在信賴與恐懼之間交錯游走呢？信賴感增強時候的你，是否比在恐懼中的你更能處理困難、面對問題呢？你是否有時也會臣服於恐懼之下，**逃避**可能的衝突，而不肯去克服它？

雖然說你經手的每一件事都能以信賴為基礎是一件再好不過的事，不過事實上每個人在承接工作或責任的時候，或多或少會感受到某種程度的恐懼。即使是平時自信滿滿的人，心中也會殘存著一些懷疑與不安全感。

可是，如果你肯相信，凡事你都能勝任，那麼對你而言，要面對一些需要勇氣的事情就不會那麼困難。下次當你又心懷恐懼時，對自己說：「我相信自己能夠勝任愉快。我會竭盡所能，讓事情圓滿完成。」

相信自己，對事情全力以赴，做個自己和他人都能信賴的人。

今天，我將明白，對生命中的人、事、地抱持越多的信賴，我的壓力將會越少。

life is beautiful

低 潮

我們在最低潮的時刻離上帝最近。當你失去了驕傲與自尊，無所依靠的時候，更容易聽到上帝的聲音。人生淪落至此實在痛苦，但是一旦你走到這步，上帝就在那兒等你。

——泰瑞・安德森

你是否聽說過這個故事：有一個人在沙漠中迷了路，黃沙漫漫，不辨方向，因為在路上只看見一道足跡便因循而走，在走過了最艱難的一段路之後，他認定上帝遺棄了他。他問上帝，為什麼在他最需要祂的時候，上帝不在他身邊呢？

上帝於是告訴他，他之所以只看見一道足跡，是因為上帝一直在負載著他。

不論你是否能領悟，信心的種籽一直是與你同在的。你所需要做的就是播下種籽、灌溉它並培育它。

若要使信心的種籽萌芽成長，需樂觀積極，相信事情終將有好轉的一天。沒有什麼問題不能解決，微笑可以拭乾淚水，疲憊的心靈可再度展現活力。然後，親近這顆信心的種籽，或祈禱或施肥，強化你的信心，讓它助你度過困境。

人生不如意事十常八九，讓低潮變成高潮的起點，讓危機變成成功的契機，要知道：天下絕對沒有過不去的事。

今天，我要相信在時光的流變之下，所有的傷口都將癒合，所有的難關都可度過。

不受影響

To be nobody but yourself in a world which is doing its best night and day to make you like everybody else means to fight the hardest battle any human being can fight and never stop fighting.

在一個竭盡其力要泯滅個人本性的世界中，做你自己，意謂著你將面臨一場永不停歇的艱苦戰役。

——愛德華·愛斯特林·卡明斯

有高度自尊的人，總是活得自在。他們接受自己的本性，也接受自己的長相。雖然，別人的評論和批評也會使他們受傷，但他們不會讓片面的說辭影響自己，或是改變對自己的看法。當然，要這麼做並不容易！

你時常為了避免別人的評論或批評，並且得到眾人的認可，而修正自己的想法或感覺。當身邊的人都在攻擊你的時候，想要接受自己、認同自己，並不是一件容易的事。

你不妨試試下面這個方法：在一張紙的一邊，寫下你所尊敬的三個人的名字。然後在另一邊寫下你曾經遭受到的批評。看看這些記錄，自問：「我所尊敬的這些人是否對我說過這些話呢？」

下回當你再度遭到批評的時候，想想這些評論發自何人，以及你對他們的尊敬度。你將會發現這些人和這些評語對你而言缺乏意義，並且對你構成不了任何影響。

今天，我不會讓外界主宰我對自己的看法。我覺得自己很好，也喜歡自己做事的方法。

耽溺過去

把過去攬在懷裡太緊，會使你的雙臂因為空間不足而無法擁抱現在。

——詹・格利德威

在你的生命之中，有沒有出現**耽溺過去**的現象？因為過去的一些人或事，把你從現在拉回以前的歷史洪流之中？他，也許是曾經傷透你心的人；或是使你無法升遷的一個錯誤報告。不能忘懷這個人或這件事情，把你的時間和精力抽離現在，將會使你的精神恍惚、注意力無法集中，而且心力交瘁。

耽溺過去就像附在船底的小甲殼動物一樣，時間一久，便會將你拖下水去。因而，不管你多快樂、多成功，或是多滿意現在的成就，這段過去都會阻止你信心滿滿地向前衝。

下回，當你發現自己有耽溺過去的現象時，大聲地對自己說：「一切都過去了，我再怎麼做也於事無補；現在是向前走及把注意力集中在今天的時候了。」然後，把時間和注意力放在身邊的人或目前的事情上。

過去無法重來，努力活在當下，盡情擁抱現在，讓生命留下輝煌的歷史見證。

歷史無法重寫，現在，是我開始為明天的歷史創造新互動關係和新經驗的時候了。

優質生活

There is more to life than increasing its speed.

生活不只是競速。

——聖雄甘地

生活的步調似乎越來越快；電話使得世界各地的人們可以快速、無國界地聯絡，新聞的網絡讓事件在發生不久便傳播出去；電腦可以在很短的時間內處理大量的工作⋯⋯。

我們生活在一個一分鐘管理、傳真機、快速反應及微波爐餐的世界裡。然而這些節省時間的裝置不但沒有使我們的生活更輕鬆如意、為我們省下更多休閒的時間，反而製造了更多壓力。現代的科技鼓勵你在一天之內做更多的事情。因而，你的每一天都受制於「高速壓力」下，在同一個時間內從事許多的活動──在踩健身車的同時看電視、講電話並煮微波食物。生活，應該重質不重量。即溶咖啡雖然帶給人們極大的便利，可是自己研磨咖啡豆煮一杯香噴噴的咖啡也是一種享受。開車走快速道路雖然可以讓你早些到達目的地，可是這樣你反而會失去了欣賞沿途風光的機會。

圓滿的生活不見得是快速的生活。生活不是在競賽，所以，緩下你的腳步吧！在驚訝於「人生處處有好風景」的同時，細細回味精緻生活的質感，記錄生活中值得珍藏的感動。

今天，我要慢下腳步，以便有充裕的時間去注意及欣賞周遭的人事與風景。

life is beautiful

生 氣

People who fly into a rage always make a bad landing.

憤怒而飛的人，總是降落不到一個好地點。

——韋爾・羅傑斯

生氣是一種極容易將抱怨提升為暴怒的情緒。當你氣到頂點的時候，怒氣會引爆成激烈的長篇大論或肢體衝突。通常在這個時候，你幾乎無法頭腦清晰、有效率地完成工作。

若要消除這種漸次升高的緊張情緒，所要做的第一件事便是擺脫怒氣，然後再耐心的處理它。擺脫怒氣有兩個步驟，第一是大聲地說出：「我開始覺得生氣了，我要先暫停一下。」第二便是離開現場，留給自己一點冷靜的時間。

然後，試著採取行動來處理你的憤怒。如果你人在辦公室裡，就可以到外頭去走動一下，或是坐在椅子上，伸一伸懶腰，運動一下你的雙腿。如果你是在家中，考慮出去晃一晃、打掃屋子或洗洗車，發洩一下。如此，可以幫助你消除一些體內的緊張情緒，使你的心思暫離燃起怒火的人或情境。

最後，當休息時間結束，你也冷靜下來之後，你便可以回到發怒的現場中，以冷靜與智慧來解決問題。

今天，我將利用這段暫停的時刻，來思考如何避免那極易渲染擴散的憤怒情緒。

過 程

It is good to have an end to journey toward, but
it is the journey that matters in the end.

到達旅途的終點當然是件好事，不過最要緊的
還是旅途的過程。

——娥蘇拉・勒瑰思

你的目標為生活提供了方向。沒有目標，你可能掙扎混亂，不能肯定自己的價值，也不知道該往哪裡走。目標能鞏固你的信心、激發你的動力，並使你對未來有所期盼。

然而在某些時刻，你需要舒服地休息，全然享受你已經達到的成果。畢竟，如果不能買新衣服來展現你婀娜的身材，減肥有何用處？又如果你不能把一些錢花在一直夢寐以求的事物上，存錢有什麼樂趣？

繼續不斷地設定目標可能比挪出時間來享受已達成的成果要來得容易些。設定目標並且加以達成，可以使你保持忙碌和積極，因此你會覺得過程——而不是最終的結果——才是帶給你生活真實意義的來源。

把你的眼光放在終點，是達成目標的一種方法。但是，多方欣賞目的地的景致，才更能使你體驗追求生活的真正意義。讚美旅途的終點，也同時讚美旅途本身，兩者並重才是生活中最應持有的態度。今天，請你記得這一課：除非能充份地感受成果，否則永遠不能算是真正的達成這個目標。

如果我忽略了追求的種種過程，我就不能完全抓住獲得成果時的快樂。

國家圖書館出版品預行編目資料

生命美在事與願違／長澤玲子 著；馬曉玲 編譯 --
初版. -- 新北市中和區：啟思出版；采舍國際有限
公司發行, 2016.11 面； 公分
ISBN 978-986-271-702-8（平裝）

1.修身 2.生活指導

192.1 105009361

啟思
Cheese Group

生命美在事與願違

本書採減碳印製流程
並使用優質中性紙
（Acid & Alkali Free）
通過綠色印刷認證，
最符環保要求。

出 版 者 啟思出版
作　　者 長澤玲子
品質總監 王寶玲　　　　　文字編輯 孫琬鈞
總 編 輯 歐綾纖　　　　　美術設計 吳佩真

郵撥帳號 50017206 采舍國際有限公司（郵撥購買，請另付一成郵資）
台灣出版中心 新北市中和區中山路 2 段 366 巷 10 號 10 樓
電　　話 (02) 2248-7896　　　傳　　真 (02) 2248-7758
I S B N 978-986-271-702-8
出版日期 2016 年 11 月

全球華文市場總代理 采舍國際
地　　址 新北市中和區中山路 2 段 366 巷 10 號 3 樓
電　　話 (02) 8245-8786　　　傳　　真 (02) 8245-8718

全系列書系特約展示
新絲路網路書店
地　　址 新北市中和區中山路 2 段 366 巷 10 號 10 樓
電　　話 (02) 8245-9896
網　　址 www.silkbook.com

線上 pbook&ebook 總代理 全球華文聯合出版平台
地　　址 新北市中和區中山路 2 段 366 巷 10 號 10 樓

線上總代理 全球華文聯合出版平台
主題討論區 http://www.silkbook.com/bookclub　　◎ 新絲路讀書會
紙本書平台 http://www.silkbook.com　　　　　　◎ 新絲路網路書店
電子書下載 http://www.book4u.com.tw　　　　　◎ 電子書中心(Acrobat Reader)

參考網站及圖片來源：https://www.pexels.com/
https://picjumbo.com/

 當死亡來臨的時候，
它不該是意外地奪去一個人的生命，
而是生活中充滿預期的一部份。

——小說家 繆麗兒・絲帕克

 在一個竭盡全力要泯滅個人本性的世界中，做你自己，
意謂著你將面臨一場永不停歇的艱苦戰役。

——詩人 愛德華・艾斯特林・卡明斯

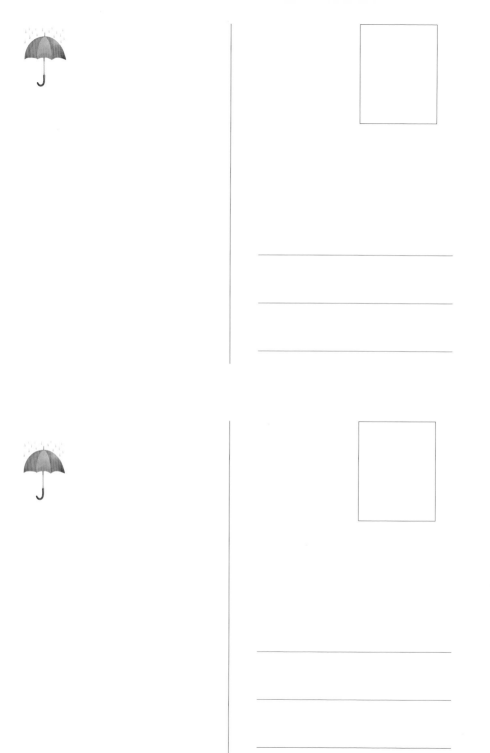

到達旅途的終點當然是件好事，
不過最要緊的還是旅途的過程。

——小說家娥蘇拉·勒瑰恩

即使登月不成，
至少你仍在繁星之間。

——演說家利斯·布朗